MIJN VADER ZAL HET AAN U GEVEN IN MIJN NAAM

Dr. Jaerock Lee

"Voorwaar, voorwaar, Ik zeg u, als gij de Vader om iets bidt, zal Hij het u geven in mijn naam. Tot nog toe hebt gij niet om iets gebeden in mijn naam; bidt en gij zult ontvangen, opdat uw blijdschap vervuld zij." (Johannes 16: 23-24)

MIJN VADER ZAL HET AAN U GEVEN IN MIJN NAAM
door Dr. Jaerock Lee

Gepubliceerd door Urim Books (Vertegenwoordiger: Johnny H. Kim)
73, Yeouidaebang-ro 22-gil, Dongjak-gu, Seoul, Korea
www.urimbooks.com

Alle rechten voorbehouden. Dit boek of delen van dit boek mogen in geen enkele vorm gekopieerd, opgeslagen in een geautomatiseerd gegevensbestand, of geleid worden, in enige vorm van betekenis, hetzij elektronisch, mechanisch, door fotokopieën, opnamen of enige andere manier, zonder voorafgaande schriftelijke toestemming van de uitgever.

Tenzij anders vermeld, zijn alle Schriftgedeeltes overgenomen van de Heilige Bijbel, NBG-vertaling, *, Copyright © 1952. Gebruikt met toestemming.

Copyright © 2009 door Dr. Jaerock Lee
ISBN: 979-11-263-0656-5 03230

Vertaling Copyright © 2009 door Dr. Esther K. Chung. Gebruikt met toestemming

Voorheen gepubliceerd in het Koreaans door Urim Books in 1990.

Eerste uitgave Januari 2021 First

Bewerkt door Dr. Geumsun Vin
Ontworpen door de Uitgeverij van Urim Books
Gedrukt door Yewon Printing Company
Voor meer informatie: urimbook@hotmail.com

Een boodschap over de uitgave

"Voorwaar, voorwaar, Ik zeg u, als gij de Vader om iets bidt, zal Hij het u geven in mijn naam." (Johannes 16: 23).

Het christendom is een geloof waarbij mensen de levende God ontmoeten en Zijn werken ervaren door Jezus Christus.

Want God is een almachtige God, die de hemelen en de aarde heeft geschapen en die heerst over de geschiedenis van het heelal alsook over het leven, de dood, de zegen en de vloek van mensen. Hij antwoordt het gebed van Zijn kinderen en verlangt ernaar om hen te leiden tot een gezegend leven wat past bij de kinderen van God.

Iedereen die een echt kind van God is, draagt met zich de autoriteit waarmee hij het recht heeft om kind van God te zijn. Door deze autoriteit, behoort hij een leven te leven waarin alle dingen mogelijk zijn, waarbij hij in niets gebrek heeft, en van de zegen kan genieten zonder na-ijver of jaloezie te koesteren tegen anderen. Door een leven te leiden van overstromende rijkdom, kracht en succes, moet hij door zijn leven glorie geven aan God.

Om te genieten van zo'n gezegend leven, moet iemand de wet van de geestelijke wereld volledig begrijpen, betreffende Gods antwoorden en daarbij alles ontvangen waar hij God om vraagt in de naam van Jezus Christus.

Dit werk is een verzameling van boodschappen voor alle gelovigen, die in het verleden gepreekt werden, vooral voor degenen die zonder enige twijfel geloven in de almachtige God en verlangen om een leven vol van Gods antwoorden te leiden.

Ik bid in de naam van Jezus Christus dat dit werk "Mijn Vader zal u alles geven wat u vraagt in Mijn naam" zal dienen als een leidraad voor alle lezers, zodat ze zich bewust worden van de wet van de geestelijke wereld over Gods antwoorden en in staat zullen zijn om alles waar zij om vragen in gebed te ontvangen.

Ik geef alle dank en glorie aan God dat Hij mij heeft toegestaan om dit boek, wat Zijn kostbare Woord bevat, te publiceren en ik wil mijn oprechte dank geven aan al degenen die hard gewerkt hebben voor dit werk.

Jaerock Lee

Inhoudsopgave

MIJN VADER ZAL HET AAN U GEVEN IN MIJN NAAM

Een boodschap over de uitgave

Hoofdstuk 1
De manieren om Gods antwoorden te ontvangen   1

Hoofdstuk 2
We moeten het nog steeds aan Hem vragen   15

Hoofdstuk 3
De geestelijke wet over Gods antwoorden   25

Hoofdstuk 4
Vernietig de muur van zonde   39

Hoofdstuk 5
U oogst datgene wat u gezaaid hebt   51

Hoofdstuk 6
Elia ontving Gods antwoord met vuur   65

Hoofdstuk 7
Hoe u uw hartverlangens kunt vervullen   77

Hoofdstuk 1

De manieren om Gods antwoorden te ontvangen

Kinderkens, laten wij liefhebben niet met het woord of met de tong, maar met de daad en in waarheid. Hieraan zullen wij onderkennen, dat wij uit de waarheid zijn en voor Hem ons hart overtuigen, dat, indien ons hart (ons) veroordeelt, God meerder is dan ons hart en kennis heeft van alle dingen. Geliefden, als ons hart ons niet veroordeelt, hebben wij vrijmoedigheid tegenover God, en ontvangen wij van Hem al wat wij bidden, daar wij zijn geboden bewaren en doen wat welgevallig is voor zijn aangezicht.

(1 Johannes 3: 18-22).

Een van de bronnen van grote blijdschap voor Gods kinderen, is het feit dat de almachtige God levend is, hun gebeden verhoord, en in alle dingen werkt voor hun goed. Mensen die in dit feit geloven bidden vurig zodat ze alles mogen ontvangen waar zij God om hebben gevraagd en glorie geven aan God naar de tevredenheid van hun harten.

1 Johannes 5: 14 vertelt ons, *"En dit is de vrijmoedigheid, die wij tegenover Hem hebben, dat Hij, indien wij iets bidden naar zijn wil, ons verhoort."* Het vers herinnert ons eraan dat wanneer wij vragen naar de wil van God, wij het recht hebben om alles van Hem te ontvangen. Ongeacht hoe slecht een ouder ook mag zijn, wanneer haar zoon om brood vraagt, zal zij hem geen steen geven, en wanneer hij zijn moeder om vis vraagt, zal zij hem geen slang geven. Wat is dan de veroorzaak dat God geen goede gaven kan geven aan Zijn kinderen, wanneer zij Hem erom vragen?

Toen de Kananese vrouw in Mattheüs 15: 21-28 voor Jezus kwam, ontving zij niet alleen de antwoorden op haar gebeden, maar werden ook haar hartverlangens vervuld. Ondanks dat haar dochter vreselijk leed onder de verschrikkelijke bezetting van demonen, vroeg de vrouw toch of Jezus haar dochter wilde genezen, omdat zij geloofde dat alles mogelijk is voor degenen die geloven. Wat veronderstelt u dat Jezus deed toen deze Heidense vrouw, zonder op te geven aan Hem vroeg om de genezing van haar dochter? We kunnen dit terugvinden in Johannes 16: 23, *"En te dien dage zult gij Mij niets vragen. Voorwaar,*

voorwaar, Ik zeg u, als gij de Vader om iets bidt, zal Hij het u geven in mijn naam," dat toen Jezus het geloof van deze vrouw zag, Hij onmiddellijk haar verzoek beantwoordde, *"O, vrouw, groot is uw geloof, u geschiede gelijk gij wenst!"* (Mattheüs 15: 28).

Hoe wonderlijk en zoet zijn Gods antwoorden! Wanneer wij, als Zijn kinderen, in de levende God geloven, moeten wij Hem de glorie geven door alles te ontvangen waar we Hem om vragen. Laat ons eens onderzoeken, met dit Schriftgedeelte waarop dit hoofdstuk gebaseerd is, op welke manieren wij Gods antwoorden kunnen ontvangen.

1. We moeten in God geloven, die ons belooft om te antwoorden

Door de Bijbel, belooft God ons dat Hij zeker onze gebeden en smekingen zal antwoorden. Daarom, kunnen wij alleen als wij niet twijfelen aan deze belofte, vurig vragen en alles ontvangen, waar wij God om vragen.

Numeri 23: 19 zegt, *"God is geen man, dat Hij liegen zou; of een mensenkind, dat Hij berouw zou hebben. Zou Hij zeggen en niet doen, of spreken en niet volbrengen?"*

In Mattheüs 7: 7-8 belooft God ons, *"Bidt en u zal gegeven worden; zoekt en gij zult vinden; klopt en u zal opengedaan worden. Want een ieder, die bidt, ontvangt, en wie zoekt, vindt, en wie klopt, hem zal opengedaan worden."*

Door de Bijbel zijn er vele verwijzingen naar Gods belofte,

dat Hij ons zal antwoorden wanneer wij vragen overeenkomstig Zijn wil. De volgende verzen zijn hier enkele voorbeelden van:

"Daarom zeg Ik u, al wat gij bidt en begeert, gelooft, dat gij het hebt ontvangen, en het zal geschieden." (Marcus 11: 24).

"Indien gij in Mij blijft en mijn woorden in u blijven, vraagt wat gij maar wilt, en het zal u geworden." (Johannes 15: 7).

"En wat gij ook vraagt in mijn naam, Ik zal het doen, opdat de Vader in de Zoon verheerlijkt worde." (Johannes 14: 13).

"Dan zult gij Mij aanroepen en heengaan en tot Mij bidden, en Ik zal naar u horen; dan zult gij Mij zoeken en vinden, wanneer gij naar Mij vraagt met uw ganse hart." (Jeremia 29: 12-13).

"Roep Mij aan ten dage der benauwdheid, Ik zal u redden en gij zult Mij eren." (Psalm 50:15).

Gods beloften worden steeds weer teruggevonden in zowel het Oude- als het Nieuwe Testament. Zelfs al zou er maar één Bijbels vers zijn overeenkomstig deze belofte, zouden we toch moeten vasthouden aan dat vers en bidden dat we Zijn antwoorden ontvangen. Ondanks dat deze belofte talloze keren voorkomt in de Bijbel, moeten wij geloven dat God inderdaad levend is en dat Hij dezelfde werken doet gisteren, en vandaag en voor eeuwig (Hebreeën 13: 8).

Bovendien, vertelt de Bijbel ons over vele gezegende mannen en vrouwen die geloofden in Gods woord, baden en Zijn antwoorden ontvingen. We behoren te aarden naar het geloof en het hart van deze mensen en ons eigen leven leiden waarin wij altijd Zijn antwoorden ontvangen.

Toen Jezus tegen de verlamde man zei in Marcus 2: 1-12, *"Uw zonden zijn vergeven. Sta op, neem uw matras op en ga naar huis,"* stond de verlamde man op, nam zijn matras op en wandelde voor de ogen van iedereen en alle getuigen waren verbaasd en konden enkel God verheerlijken.

Een hoofdman in Mattheüs 8: 5-13 kwam voor Jezus omdat zijn slaaf verlamd thuis lag in hevige pijnen en hij vertelde Hem, *"Spreek slechts één woord en mijn dienstknecht zal genezen zijn."* We weten dat toen Jezus tot de hoofdman zei, *"Ga heen, u geschiede naar uw geloof."* De slaaf op datzelfde ogenblik genezen werd.

Een melaatse in Marcus 1: 40-42 kwam tot Jezus en smeekte Hem op zijn knieën, "Indien Gij wil, kunt Gij mij reinigen." Terwijl Hij vervuld werd met bewogenheid voor de melaatse, strekte Jezus Zijn hand uit en raakte de man aan, zeggende, "Ik wil het; wordt rein!" We zien ook dat de melaatsheid verdween en hij genezen werd.

God staat alle mensen toe om te ontvangen wat zij aan Hem vragen in de naam van Jezus Christus. God verlangt ook dat alle mensen in Hem geloven, omdat Hij belooft heeft om hun gebeden te verhoren, dat zij bidden met onveranderlijke harten zonder op te geven en Zijn gezegende kinderen worden.

2. Gebedstypes die God niet beantwoordt

Wanneer mensen geloven en bidden overeenkomstig Gods wil, leven door Zijn woord en sterven net zoals een zaad van het graan sterft, kijkt God naar hun hart en toewijding en antwoordt hun gebeden. En toch, als er individuen zijn die Gods antwoorden niet kunnen ontvangen, ondanks hun gebeden, wat kan daar de oorzaak van zijn? Er waren vele mensen die faalden in de Bijbel om Zijn antwoorden te ontvangen door hun gebeden. Door de redenen te onderzoeken waarom mensen falen in het ontvangen van Gods antwoorden, moeten wij leren hoe wij antwoorden van Hem kunnen ontvangen.

Ten eerste, als wij zonden koesteren in ons hart en bidden, vertelt God ons dat Hij onze gebeden niet zal antwoorden. Psalm 66: 18 zegt ons, *"Had ik onrecht beoogd in mijn hart, dan zou de Here niet hebben gehoord,"* en Jesaja 59: 1-2 herinnert ons, *"Zie, de hand des Heren is niet te kort om te verlossen, en zijn oor niet te onmachtig om te horen; maar uw ongerechtigheden zijn het, die scheiding brengen tussen u en uw God, en uw zonden doen zijn aangezicht voor u verborgen zijn, zodat Hij niet hoort."* Want de vijand duivel zal onze gebeden onderscheppen, vanwege onze zonden, het bereikt alleen maar de lucht en zal de troon van God niet bereiken.

Ten tweede, wanneer wij bidden te midden van onenigheid met onze broeders, zal God onze gebeden niet verhoren. Want onze Hemelse Vader zal ons niet vergeven, tenzij wij onze broeders vergeven vanuit ons hart (Mattheüs 18: 35), en onze gebeden kunnen noch bij God aankomen, noch verhoord worden.

Ten derde, wanneer wij bidden om onze verzoeken te bevredigen, zal God ons gebed niet verhoren. Wanneer wij Zijn glorie veronachtzamen en in plaats daarvan bidden voor de begeertes van de zondevolle natuur, en datgene wat wij van Hem ontvangen, gebruiken voor onze eigen pleziertjes, zal God ons niet antwoorden (Jakobus 4: 2-3). Bijvoorbeeld, aan een gehoorzame en studerende dochter, zal de vader een vergoeding geven als zij daar om vraagt. Maar aan een ongehoorzame dochter, die niet ijverig studeert, zal de vader echter niet gewillig zijn om haar een vergoeding te geven of hij zal zich zorgen maken dat ze het aan de verkeerde dingen zal spenderen, met de verkeerde motieven. Evenzo, wanneer wij iets vragen met verkeerde motieven, en de verlangens van de zondevolle natuur bevredigen, gaat God ons niet antwoorden, omdat we dan van het pad kunnen afdwalen dat ons tot vernietiging leidt.

Ten vierde, zouden wij nooit moeten bidden of het uitroepen voor afgodendienaars (Jeremia 11: 10-11). Omdat God afgoden boven alles verafschuwt, kunnen we alleen maar bidden voor de redding van hun zielen. Elk ander gebed of verzoek dat voor hen wordt gedaan of namens hen, zal onbeantwoord blijven.

Ten vijfde, antwoordt God niet het gebed dat gevuld is met twijfels, omdat we de antwoorden van God alleen maar kunnen ontvangen wanneer we geloven en niet twijfelen (Jakobus 1: 6-7). Ik ben er zeker van de velen van jullie getuige zijn geweest van de genezing van ongeneselijke ziekten en de ontknoping van bijna onmogelijk problemen wanneer mensen aan God vragen om in te grijpen. Dat komt omdat God ons heeft gezegd, *"Voorwaar, Ik zeg u, wie tot deze berg zou zeggen, hef u op en werp u in de zee, en in zijn hart niet zou twijfelen, maar geloven, dat hetgeen hij zegt geschiedt, het zal hem geschieden"* (Marcus 11: 23). U behoort te weten dat gebed dat vol is van twijfels niet beantwoordt kan worden en dat alleen het gebed overeenkomstig Gods wil een niet te weigeren gevoel van zekerheid brengt.

Ten zesde, wanneer wij Gods geboden niet gehoorzamen, zullen onze gebeden niet beantwoord worden. Wanneer we Gods geboden gehoorzamen en datgene doen wat Hem welgevallig is, vertelt de Bijbel ons dat we vertrouwen hebben voor God en van Hem alles ontvangen wat we vragen (1 Johannes 3: 21-22). Want Spreuken 8: 17 zegt ons, *"Ik heb lief wie mij liefhebben, wie mij ijverig zoeken, zullen mij vinden,"* en het gebed van de mensen die Gods geboden gehoorzamen in hun liefde voor Hem (1 Johannes 5: 3) zeker zal beantwoorden.

Ten zevende, kunnen we Gods antwoorden niet ontvangen zonder te zaaien. Want Galaten 6: 7 zegt, *"Dwaalt niet, God laat niet met Zich spotten. Want wat een mens zaait, zal hij ook oogsten,"* en 2 Korintiërs 9: 6 zegt ons, *"(Bedenkt) dit: wie karig zaait, zal ook karig oogsten, "en wie mildelijk zaait, zal ook mildelijk oogsten."* dat iemand zonder zaaien niet kan oogsten. Wanneer iemand gebed zaait, zal het goed gaan met zijn ziel; wanneer hij offers zaait, zal hij financiële zegeningen ontvangen; en wanneer hij zaait in daden, zal hij zegeningen van goede gezondheid ontvangen. In één woord gezegd, moet u datgene zaaien wat u wenst te oogsten en overeenkomstig zaaien om Gods antwoorden te ontvangen.

Bovendien, overeenkomstig de voorwaarden die hierboven zijn vermeld, wanneer mensen falen om te bidden in de naam van Jezus Christus of falen om te bidden vanuit hun hart, of blijven leuteren, zullen hun gebeden onbeantwoord blijven. Een onenigheid tussen een man en een vrouw (1 Petrus 3: 7) of ongehoorzaamheid worden ook niet beloond met Gods antwoorden.

We moeten altijd herinneren dat zulke zaken als hierboven, een muur scheppen tussen God en ons; Hij Zijn aangezicht van ons zal afkeren en onze gebeden niet zal antwoorden. Daarom, moeten wij eerst Gods koninkrijk en gerechtigheid zoeken, het tot Hem uitroepen in gebed om de verlangens van ons hart te bereiken, en altijd Zijn antwoorden ontvangen door vast te houden tot het einde in een standvastig geloof.

3. Geheimen om antwoorden op onze gebeden te ontvangen

In de beginfase van iemands leven in Christus, kan hij geestelijk vergeleken worden met een kind, en antwoord God onmiddellijk zijn gebed. Want de persoon kent nog niet de volledige waarheid, wanneer hij Gods Woord uitoefent dat hij geleerd heeft, dus God antwoord hem alsof hij een kind was dat huilde om melk, en leidt hem tot een ontmoeting met God. Wanneer hij voortdurend de waarheid hoort en begrijpt, zal hij opgroeien tot een "kleuter", en naar de hoeveelheid dat hij de waarheid uitoefent, zal God hem antwoorden. Wanneer een individu gegroeid is tot de geestelijke fase van een "kind", maar blijft zondigen en faalt om te leven door het Woord, kan hij Gods antwoorden niet ontvangen; vanaf dat moment, zal hij Gods antwoorden ontvangen tot de mate dat hij heiliging heeft bereikt.

Daarom, moeten mensen die geen antwoorden hebben ontvangen van Hem, zich eerst bekeren, zich omkeren op hun weg, en een gehoorzaam leven beginnen te leven, waarbij zij leven door Gods Woord. Wanneer zij in de waarheid verblijven na hun bekering en hun hart overgeven, zal God hen ontzagwekkende zegeningen geven. Want Job had enkel geloof verzameld als kennis, eerst mopperde hij tegen God toen de testen en lijden op zijn weg kwamen. Job ontmoette God en bekeerde zich door zijn hart over te geven, vergaf zijn vrienden en leefde door Gods woord. In ruil, zegende God Job twee keer zoveel dan daarvoor (Job 42: 5-10).

Jona was gevangen in een grote vis omdat hij ongehoorzaam was aan Gods Woord. En toch, toen hij bad, zich bekeerde, en dankte in zijn gebed door geloof, beval God de vis, en het spuugde Jona op het droge land (Jona 2: 1-10).

Wanneer wij ons omkeren van onze wegen, ons bekeren, leven door de wil van de Vader, geloven en het uitroepen tot Hem, zal de vijand duivel langs een weg naar u toe komen, maar langs zeven wegen van u vluchten. Natuurlijk zullen ziektes, problemen met onze kinderen, en problemen met onze financiën opgelost worden. Een vervolgend partner wordt een goede en hartelijke man en een vredevol gezin zal de geur van Christus uitstralen en grote glorie geven aan God.

Wanneer wij ons afkeren van onze wegen, ons bekeren en Zijn antwoorden op onze gebeden ontvangen, moeten wij glorie geven aan God door te getuigen met vreugde. Wanneer wij Hem welgevallig zijn en verheerlijken met ons getuigenis, zal God niet alleen glorie ontvangen en zich verblijden in ons, maar dan wordt Hij ook enthousiast om ons te vragen, "Wat zal Ik u geven?"

Veronderstel dat een ouder haar zoon een cadeau geeft en de zoon vertoont geen dankbaarheid of drukt zijn dank op geen enkele wijze uit. De moeder zal hem misschien niets meer willen geven. Wanneer de zoon echter het cadeau waardeert en zijn moeder welgevallig is, wordt ze blij en wenst haar zoon nog meer cadeaus te geven en bereidt deze ook voor. Evenzo, zullen wij des te meer van God ontvangen, wanneer wij Hem verheerlijken door te herinneren dat onze Vader God welgevallen heeft aan Zijn kinderen wanneer zij antwoorden op hun gebeden ontvangen en geeft hen, die getuigen over Zijn antwoorden, des te meer gaven.

Laat ons vragen overeenkomstig de wil van God, Hem ons geloof en toewijding laten zien, en van Hem alles ontvangen, waar wij om vragen. Ons geloof en toewijding laten zien aan God, lijkt misschien een moeilijke taak in de ogen van mensen. Enkel na zo'n proces, waarbij wij de zware zonden verwerpen die opstaan tegen de waarheid, onze ogen richten op de eeuwige hemel, antwoorden ontvangen op ons gebed, en onze beloningen opstapelen in de Hemelse koninkrijk, zullen onze levens gevuld zijn met dankbaarheid en vreugde en zal het zeker de moeite waard zijn. Bovendien, zal ons leven des te gezegender zijn, omdat de beproevingen en het lijden verdreven zullen zijn en de ware troost in Gods leiding en bescherming gevoeld kunnen worden.

Ik bid in de naam van Jezus Christus, dat één ieder van u alles wat u verlangt, door geloof vraagt, ernstig bidt, vecht tegen de zonde en Zijn geboden gehoorzaamt om zo alles te ontvangen waar u om vraagt, Hem in elke zaak welgevallig te zijn en grote glorie geeft aan God!

Hoofdstuk 2

We moeten het nog steeds aan Hem vragen

Dan zult gij terugdenken aan uw boze wandel en aan uw handelwijze, die niet goed was, en gij zult van uzelf walgen om uw ongerechtigheden en uw gruwelen. Niet om uwentwil doe Ik het, luidt het woord van de Here Here; weet dat wel! Schaamt u en wordt schaamrood over uw wandel, huis Israëls.

Zo spreekt de Here Here: Wanneer Ik u reinig van al uw ongerechtigheden, zal Ik de steden weer bevolken en zullen de puinhopen herbouwd worden; het verwoeste land zal weer worden bewerkt, in plaats van een woestenij te zijn voor het oog van iedere voorbijganger.

En men zal zeggen: Dit land dat verwoest was, is geworden als de hof van Eden; de steden die, verwoest en vernield, in puin lagen, zijn weer versterkt en bewoond.

Dan zullen de volken die om u heen overgebleven zijn, weten, dat Ik, de Here, herbouwd heb wat vernield was en beplant heb wat verwoest was. Ik, de Here, heb het gesproken en Ik zal het doen. Zo zegt de Here Here: Ook dit zal Ik Mij door het huis Israëls laten afsmeken om hun te doen: Ik zal hen zo talrijk aan mensen maken als een kudde schapen"

(Ezechiël 36: 31-37)

Door de zesenzestig boeken van de Bijbel, getuigt God, die gisteren, vandaag en tot in eeuwigheid dezelfde is (Hebreeën 13: 8) van het feit dat Hij levend is en werkt. Voor al degenen die geloofd hebben in Zijn woord en het gehoorzamen in het Oude Testament, het Nieuwe Testament en vandaag, heeft God Zijn trouw laten zien door het bewijs van Zijn werk.

God, de Schepper van alles in het universum en de Heerser over leven, dood, vloek of zegen van de mensheid heeft beloofd om ons te "zegenen" (Deuteronomium 28: 5-6), zolang we in Zijn Woord, welke in de Bijbel gevonden wordt geloven en het gehoorzamen. Als wij nu werkelijk in dit ontzagwekkende en wonderlijke feit geloven, wat zou ons dan kunnen ontbreken en wat kunnen we dan niet ontvangen? We vinden dat terug in Numeri 23: 19 *"God is geen man, dat Hij liegen zou; of een mensenkind, dat Hij berouw zou hebben. Zou Hij zeggen en niet doen, of spreken en niet volbrengen?"*

Spreekt God, zonder te handelen? Beloofd Hij iets zonder het te vervullen? Bovendien, daar Jezus ons beloofde in Johannes 16: 23, *"Voorwaar, voorwaar, Ik zeg u, als gij de Vader om iets bidt, zal Hij het u geven in mijn naam,"* zijn Gods kinderen zeker gezegend.

Dus het is heel gewoon voor de kinderen van God om levens te leiden waarin ze alles ontvangen waar zij om vragen en glorie geven aan hun hemelse Vader. Waarom, falen de meeste Christenen dan in het leiden van zo'n leven? Met het Schriftgedeelte waarop dit hoofdstuk gebaseerd is, gaan we onderzoeken hoe we altijd Gods antwoorden kunnen ontvangen.

1. God heeft gesproken en zal het doen, maar we moeten het nog aan Hem vragen

Als Gods uitverkorenen, heeft het volk Israël overvloedige zegeningen ontvangen. Ze hadden de belofte dat als zij Gods Woord volledig zouden gehoorzamen en volgen, Hij hen boven alle andere naties van de aarde zou plaatsen, hun vijanden, die tegen hen opstaan zouden voor hen worden vernietigd, en alles wat zij in hun handen houden zou gezegend zijn (Deuteronomium 28: 1, 7, 8). Zulke zegeningen kwamen over de Israëlieten als zij Gods Woord gehoorzaamden, maar wanneer zij het verkeerd deden, ongehoorzaam waren aan de Wet, afgoden aanbaden, werden zij in de toorn van God gevangen genomen en werd hun land vernietigd.

In die tijd, zei God tot de Israëlieten dat als zij zich bekeerden en van hun goddeloze wegen zouden afkeren, Hij het verwoestte land opnieuw zou laten ontwikkelen en de vernietigde plaatsen opnieuw zouden worden opgebouwd. Bovendien zei God, *"Ik, de Here, heb het gesproken en Ik zal het doen. Ook dit zal Ik Mij door het huis Israëls laten afsmeken om hun te doen."* (Ezechiël 36: 36-37).

Waarom beloofde God de Israëlieten dat Hij zou handelen, maar ook dat zij het nog aan Hem moesten "vragen"?

Ondanks dat God weet wat wij nodig hebben voordat wij het zelfs aan Hem vragen (Mattheüs 6: 8), heeft Hij ons ook gezegd, *"Bidt en u zal gegeven worden;... Want een ieder, die bidt, ontvangt ... hoeveel te meer zal uw Vader in de hemelen het goede geven aan hen, die Hem daarom bidden"* (Mattheüs 7: 7-11)!

Bovendien, zoals God ons heeft verteld door de Bijbel, dat wij moeten vragen en uitroepen tot Hem om Zijn antwoorden te ontvangen (Jeremia 33: 3; Johannes 14: 14), moeten Gods kinderen die echt in Zijn Woord geloven nog steeds aan God vragen, ondanks dat Hij het gesproken heeft en heeft gezegd dat Hij zal handelen.

Aan de ene kant, wanneer God zegt, "Ik zal het doen," wanneer wij geloven en Zijn woord gehoorzamen, zullen wij de antwoorden ontvangen. Aan de andere kant, wanneer wij twijfelen, God testen en falen om dankbaar te zijn en in plaats daarvan klagen in tijden van beproeving en lijden – samengevat, wanneer wij falen in het geloven van Gods beloften – kunnen wij Gods antwoorden niet ontvangen. Zelfs wanneer God heeft beloofd "Ik zal het doen", kan die belofte alleen worden vervuld wanneer wij vasthouden aan die belofte in gebed en in daden. Er kan niet worden gezegd van iemand dat hij geloof heeft, wanneer hij niet vraagt, maar alleen maar naar de belofte kijkt en zegt, "omdat God het heeft gezegd, zal het ook geschieden." Noch kan hij Gods antwoorden ontvangen omdat ze niet gepaard gaan met daden.

2. We moeten vragen om Gods antwoorden te ontvangen

Ten eerste, moet u bidden om de muur die tussen u en God instaat te vernietigen.

Toen Daniel gevangen genomen werd in Babylon na de val van Jeruzalem, kwam hij het Schriftgedeelte tegen die de profetie van Jeremia bevatte en leerde over de verwoesting van Jeruzalem, dat het zeventig jaar zou duren. Gedurende die zeventig jaren, zoals Daniel leerde, zou Israël, de koning van Babylon dienen. Toen de zeventig jaren voorbij waren, zouden de koning van Babylon, zijn koninkrijk en het land van de Chaldeeën worden vervloekt en voor eeuwig worden verwoest vanwege hun zonden. Ondanks dat de Israëlieten gevangen genomen werden in Babylon in die tijd, was de profetie van Jeremia dat ze opnieuw onafhankelijk zouden worden en zouden terugkeren naar hun thuisland, een directe bron van vreugde en opluchting voor Daniël.

En toch, deelde Daniël zijn vreugde niet met zijn mede-Israëlieten, ondanks dat hij dat gemakkelijk kon doen. In plaats daarvan wijdde Daniel gebeden en smeekbede aan God toe, met vasten, in zak en as. En hij bekeerde zich van de zonden, verkeerde dingen, goddeloosheid en rebellie die hijzelf en de Israëlieten hadden gedaan, en van het afkeren van Gods geboden en wetten (Daniel 9: 3-19).

God openbaarde door de profeet Jeremia niet hoe het gevangenschap van Israël zou eindigen; Hij had alleen geprofeteerd dat het gevangenschap na 7 decennia zou eindigen. Omdat Daniel de wet van de geestelijke wereld kende, was hij zich echter wel bewust dat de muur die tussen

Israël en God in stond eerst moest worden vernietigd voordat Gods woord kon worden vervuld. Door zo te handelen, toonde Daniel zijn geloof met daden. Terwijl Daniël vastte en zich bekeerde – voor zichzelf en de rest van de Israëlieten – van de zonde die ze hadden gedaan voor God en de vervloeking daarna, vernietigde God die muur, antwoordde Daniel, gaf de Israëlieten "zeventig 'zeven' [weken]," en openbaarde andere geheimenissen aan hem.

Terwijl wij Gods kinderen worden, die vragen overeenkomstig het Woord van onze Vader, behoren wij te beseffen dat het vernietigen van de muur van zonde vooraf gaat aan het ontvangen van enig antwoord op onze gebeden en zou het vernietigen van die muur een prioriteit moeten zijn.

Ten tweede, moeten wij door geloof en in gehoorzaamheid bidden.

In Exodus 3: 6-8 lezen we over Gods belofte aan het volk van Israël, die in die tijd in slavernij in Egypte waren, dat Hij hen uit Egypte zou brengen en zou leiden naar Kanaän, het land vloeiende van melk en honing. Kanaän is een land dat God beloofde te geven aan de Israëlieten als een eigendom (Exodus 6: 8). Hij beloofde onder ede om het land te geven aan hun nakomelingen en beval hen om op te staan (Exodus 33: 1-3). Het is een beloofd land waarin God beval om alle afgoden daarin te vernietigen en Hij waarschuwde hen om geen verbond met de mensen en hun goden, die daar leefden te sluiten, want het zou een valkuil tussen hen en hun God worden. Dit was een belofte van God, die altijd Zijn beloften vervuld. Waarom, waren de Israëlieten dan niet in staat om Kanaän binnen te gaan.

In hun ongeloof in God en Zijn kracht, mopperde het volk Israël tegen Hem (Numeri 14: 1-3) en waren ongehoorzaam aan Hem, en zij faalden dus om Kanaän binnen te gaan, terwijl ze aan de grens stonden (Numeri 14: 21-23; Hebreeën 3: 18-19). Kortom, ondanks dat God de Israëlieten het land Kanaän had beloofd, was deze belofte nutteloos als zij niet in Hem geloofden of gehoorzaamden. Wanneer zij zouden geloven en Hem zouden gehoorzamen, zou die belofte volkomen zijn vervuld. Uiteindelijk, konden alleen Jozua en Kaleb, die in Gods woord geloofden, samen met de nakomelingen Kanaän binnentrekken (Jozua 14: 6-12). Laat ons door de geschiedenis van Israël, herinneren dat we Gods antwoorden alleen kunnen ontvangen, wanneer wij Hem vragen, Zijn belofte vertrouwen en gehoorzamen, en Zijn antwoorden ontvangen door Hem te vragen in geloof.

Ondanks dat Mozes zeker geloofde in Gods belofte over Kanaän, omdat de Israëlieten niet konden geloven in Gods kracht, werd het hem zelfs verboden om het beloofde land binnen te gaan. Gods werk wordt soms beantwoord door het geloof van een mens, maar andere keren alleen maar wanneer iemand ontwikkeld geloof bezit dat genoeg is om Zijn werk te laten zien. In het binnentrekken van Kanaän, vereiste God het geloof van heel Israël en niet alleen dat van Mozes. Omdat Hij niet dit soort van geloof kon vinden onder het volk Israël, stond God hen niet toe om Kanaän binnen te trekken. Herinner dus dat wanneer God het geloof zoekt van niet alleen een persoon, maar van iedereen die erin betrokken is, ook iedereen moet bidden door geloof en in gehoorzaamheid, en één van hart moet worden om Zijn antwoorden te ontvangen.

Toen een vrouw, die 12 jaar leed onder bloedingen, haar genezing ontving door Jezus' mantel aan te raken, vroeg Hij, "Wie heeft mijn mantel aangeraakt?" en Hij liet haar getuigenis afleggen voor alle mensen over haar genezing (Marcus 5: 25-34).

Het getuigenis van een persoon over de werken van God die gemanifesteerd werden in zijn leven, helpt anderen om te groeien in hun eigen geloof en versterkt hen om te veranderen in mensen van gebed die bidden en van Hem antwoorden ontvangen. Door Gods antwoorden te ontvangen door geloof, worden ongelovigen in staat gesteld om geloof te bezitten en de levende God te ontmoeten, en dat is een ontzagwekkende manier om Hem te verheerlijken.

Door het woord van zegen te geloven en te gehoorzamen wat in de Bijbel staat geschreven, en te herinneren dat we nog steeds aan God moeten vragen, ondanks wat God heeft beloofd, "Ik heb gesproken en Ik zal het doen," laat ons altijd

Zijn antwoorden ontvangen, Zijn gezegende kinderen worden en Hem verheerlijken met de inhoud van onze harten.

Hoofdstuk 3

De geestelijke wet over Gods antwoorden

En Hij [Jezus] verliet de stad en ging, zoals Hij gewoon was, naar de Olijfberg. En ook zijn discipelen volgden Hem. En toen Hij aan die plaats gekomen was, zeide Hij tot hen: Bidt, dat gij niet in verzoeking komt. En Hij zonderde Zich van hen af, ongeveer een steenworp ver, knielde neder en bad deze woorden: Vader, indien Gij wilt, neem deze beker van Mij weg; doch niet mijn wil, maar de uwe geschiede! En Hem verscheen een engel uit de hemel om Hem kracht te geven. En Hij werd dodelijk beangst en bad des te vuriger. En zijn zweet werd als bloeddruppels, die op de aarde vielen. En Hij stond op van het gebed en ging tot zijn discipelen en Hij vond hen slapende van droefheid. En Hij zeide tot hen: Waarom slaapt gij? Staat op, bidt, dat gij niet in verzoeking komt

(Lucas 22:39-46).

Gods kinderen ontvangen redding en hebben het recht om alles wat zij aan God vragen, door geloof te ontvangen. Dat is de reden waarom we in Matthëus 21: 22 lezen, *"En al wat gij in het gebed gelovig vragen zult, zult gij ontvangen."* En toch vragen vele mensen zich af waarom zij Gods antwoorden niet ontvangen na gebed, vragen of hun gebed wel bij God is aangekomen, of twijfelen of God hun gebed wel heeft gehoord.

Net zoals we moeten weten wat de juiste wijze en route is om een probleemloze reis te hebben naar een bepaalde bestemming, kunnen wij enkel Zijn onmiddellijke antwoord ontvangen wanneer wij bewust zijn hoe te bidden. Gebed op zichzelf garandeert Gods antwoorden niet; we moeten de wet van de geestelijke wereld over Zijn antwoorden leren en bidden overeenkomstig die wet.

Laat ons eens de wet van de geestelijke wereld van Gods antwoorden onderzoeken en de relatie met de zeven Geesten van God.

1. De Wet van de geestelijke wereld over Gods antwoorden

Want gebed is de almachtige God vragen om dingen die we verlangen en nodig hebben, en we kunnen Zijn antwoorden alleen ontvangen wanneer wij Hem vragen overeenkomstig de wet van de geestelijke wereld. Geen hoeveelheid of mate van inspanning van de mens op basis van zijn gedachten, methoden, roem en kennis zullen hem ooit Gods antwoorden brengen.

Omdat God een rechtvaardige Rechter is (Psalm 7: 11); onze gebeden verhoord, en ze beantwoordt, vereist Hij van ons ook een gepaste kern in ruil voor Zijn antwoorden. Gods antwoorden op onze gebeden kunnen vergeleken worden met het kopen van vlees bij een slager. Als de slager wordt vergeleken met God, de weegschaal die hij gebruikt kan een hulpmiddel zijn waarmee God meet, gebaseerd op de wet van de geestelijke wereld, of iemand al dan niet Zijn antwoorden kan ontvangen.

Veronderstel dat we naar een slager gaan om twee pond biefstuk te kopen. Wanneer wij hem om een bepaalde hoeveelheid vlees vragen, weegt de slager het vlees, en ziet of het vlees dat hij heeft verzameld twee pond is. Wanneer het vlees op de weegschaal twee pond weegt, ontvangt de slager van ons de juiste hoeveelheid geld voor de twee pond biefstuk, verpakt het vlees en geeft het ons.

Evenzo, terwijl God onze gebeden beantwoordt, ontvangt Hij zonder falen iets van ons terug om Zijn antwoorden te rechtvaardigen. Dit is de wet van de geestelijke wereld over Gods antwoorden.

God hoort onze gebeden, aanvaardt van ons iets wat van gepaste waarde is, en antwoord ons dan. Wanneer iemand nog Gods antwoorden op zijn gebeden moet ontvangen, komt dat omdat hij nog niet een kern voor God heeft gebracht wat past bij Zijn antwoorden. Omdat de hoeveelheid noodzakelijk is om Zijn antwoorden te ontvangen, afhangt van de variatie van de inhoud van iemands gebed, totdat hij het soort van geloof ontvangt, waarmee hij Gods antwoorden kan ontvangen, moet hij bidden en het noodzakelijke totaal opbouwen. Ondanks dat we niet tot in detail de gepaste som kennen die God van ons vereist, Hij weet het wel. Daarom wanneer wij nauwkeurig aandacht schenken aan de stem van de Heilige Geest, moeten wij God voor sommige dingen vragen met vasten, bepaalde dingen met nachtelijk geloftegebed, anderen met gebed in tranen en weer anderen met dankzegging. Zulke daden stapelen de som op die wordt vereist om Gods antwoorden te ontvangen, terwijl Hij ons het soort van geloof geeft waarmee wij kunnen geloven en Hij ons zegent met Zijn antwoorden.

Zelfs wanneer twee mensen tijd reserveren en een tijd van geloftegebed beginnen, ontvangt de een onmiddellijk Gods antwoorden na het beginnen van het geloftegebed, terwijl de andere faalt om Zijn antwoorden te ontvangen, zelfs nadat haar tijd van geloftegebed voorbij is. Welke verklaring kunnen we over dit essentiële verschil vinden?

Want God is wijs en maakt Zijn plannen van tevoren bekend, en wanneer God zegt dat een persoon een hart bezit dat zal blijven bidden tot het geloftegebed voorbij is, zal Hij die persoon onmiddellijk antwoorden. Maar, wanneer iemand faalt om Gods antwoorden te ontvangen voor een probleem wat ze nu ondergaat, komt dat omdat ze gefaald heeft om God het volledige gepaste totaal te geven voor Zijn antwoorden. Als gevolg, wanneer wij falen om dat totaal op te stapelen, zullen wij ook falen in het ontvangen van Gods antwoorden.

Bijvoorbeeld, wanneer een man bidt voor zijn toekomstige echtgenote, zoekt God voor hem een geschikte bruid en bereidt dat voor, zodat Hij in alle dingen kan werken naar het welzijn van de man. Dit betekent niet dat de geschikte bruid voor de ogen van de man verschijnt, ondanks dat hij nog niet de leeftijd heeft bereikt om te trouwen, alleen maar omdat hij voor haar heeft gebeden. Want God antwoordt degenen die geloven dat zij Zijn antwoorden hebben ontvangen, op de tijd dat Hij verkiest om Zijn werk aan hen te openbaren. Wanneer iemand echter niet bidt naar Zijn wil, zal geen enkele hoeveelheid gebed Gods antwoorden voortbrengen. Wanneer diezelfde man naar zijn toekomstige bruid zoekt en bidt voor uiterlijke voorwaarden zoals opleiding, verschijning, rijkdom, roem, en dergelijke – met andere woorden, gebed dat gevuld is met hebzucht dat gevormd is in het kader van zijn denken – zal God hem niet antwoorden.

Zelfs wanneer twee mensen tot God bidden met exact hetzelfde probleem, zijn de mate van hun heiliging en de mate van geloof waardoor zij volledig geloven verschillend, is de hoeveelheid van gebed dat God ontvangt ook verschillend (Openbaring 5: 8). De ene persoon kan Gods antwoorden binnen een maand ontvangen, terwijl de andere het misschien al ontvangt binnen een dag.

Bovendien, hoe groter de betekenis van Gods antwoorden op iemands gebeden moet zijn, des te groter zijn hoeveelheid aan gebed moet zijn. Overeenkomstig de wet van de geestelijke wereld, zal een groter vat op grotere wijze worden getest en zal deze voortkomen als goud terwijl de kleinere vaten op een kleinere schaal worden getest, en een klein beetje door God worden gebruikt. Daarom, moet niemand anderen oordelen en zeggen, "Kijk naar alle moeilijkheden waar hij doorheen moet, ondanks zijn getrouwheid!" en God op die manier teleurstellen. Onder onze voorvaders van geloof, werd Mozes gedurende 40 jaren getest en Jacob, gedurende 20 jaren, en weten we ook dat ze een geschikt vat werden in de ogen van God en gebruikt werden voor Zijn grote doel na het doorstaan van hun respectievelijke testen. Denk maar aan het proces waarin een nationaal voetbalteam wordt gevormd en getraind. Wanneer de vaardigheden van een bepaalde speler waardig zijn om op het dienstrooster te worden geplaatst, zal hij enkel na het investeren van meer tijd en energie in de training, in staat zijn om zijn land te vertegenwoordigen.

Of het antwoord dat wij van God zoeken nu groot of klein is, we moeten Zijn hart bewegen om Zijn antwoorden te ontvangen. In het bidden om alles wat wij vragen te ontvangen, zal God worden bewogen en ons antwoorden wanneer wij Hem gepaste opeengestapelde gebeden geven, ons hart reinigen zodat er geen muur tussen ons en God meer staat, en Hem dankzegging, vreugde, offers en dergelijke geven, als een bewijs van ons geloof in Hem.

2. De relatie tussen de wet van de geestelijke wereld en de zeven geesten

Zoals wij de beeldspraak van de slager en zijn weegschaal

hierboven hebben besproken, meet God overeenkomstig de wet van de geestelijke wereld de hoeveelheid van iemands gebed zonder enige fout en bepaald of de persoon een gepaste hoeveelheid aan gebed heeft opgestapeld. Terwijl de meeste mensen alleen maar oordelen vormen naar wat zij hebben gezien met hun ogen, over een bepaald onderwerp, maakt God een nauwkeurige beoordeling met de zeven Geesten van God (Openbaring 5:6). Met andere woorden, wanneer iemand verklaart dat hij gekwalificeerd is door de zeven Geesten, dan krijgt hij Gods antwoorden op zijn gebeden.

Wat meten de zeven Geesten dan?

Ten eerste, meten de zeven Geesten de mate van iemands geloof

In geloof, zijn er "geestelijk geloof" en "vleselijk geloof." Het soort van geloof dat de zeven Geesten meten is niet het geloof als kennis – vleselijk geloof – maar het geestelijke geloof, dat levend is en gepaard gaat met werken (Jakobus 2: 22). Bijvoorbeeld, daar is de scène in Marcus 9, waarin de vader van een kind, dat bezeten was met demonen en stom was, voor Jezus kwam (Marcus 9: 17). De vader zei tegen Jezus, "Ik geloof, maar Heer kom mijn ongeloof te hulp!" Hier beleed de vader zijn vleselijke geloof, zeggende, "Ik geloof" en vroeg Hem om geestelijk geloof, zeggende, "Kom mijn ongeloof te hulp!" Jezus antwoordde de vader onmiddellijk en genas de jongen (Marcus 9: 18-27).

Het is onmogelijk om God te behagen zonder geloof

(Hebreeën 11: 6). En toch, voor wij de verlangens van ons hart kunnen vervullen, wanneer wij Hem welgevallig zijn, door het geloof dat God welgevallig is, kunnen wij de verlangens van ons hart bereiken. Daarom, wanneer wij Gods antwoorden niet ontvangen, ondanks dat Hij ons dat heeft vertelt, "U geschiedde naar uw geloof," betekent dat dat ons geloof nog niet volkomen is.

Ten tweede, meten de zeven Geesten iemands vreugde.

Want 1 Thessalonicenzen 5: 16 vertelt ons dat wij ons altijd moeten verblijden en dat het Gods wil voor ons is om ons altijd te verblijden. In plaats van vreugdevol te zijn in moeilijke tijden, vinden vele christenen zich vandaag opgesloten in wanhoop, angst en zorgen. Wanneer zij echt geloven in de levende God met hun hele hart, kunnen zij zich altijd verblijden ongeacht de situatie waarin zij zich bevinden. Ze kunnen vreugdevol zijn in een vurige hoop die ligt in het eeuwige hemelse koninkrijk, en niet die van de wereld, die voorbij gaat na een korte tijd.

Ten derde, meten de zeven Geesten iemands gebed.

Want God zegt ons om te bidden zonder ophouden (1 Thessalonicenzen 5: 17) en belooft ons om te geven aan degenen die Hem vragen (Mattheüs 7: 7), en dat het enkel zinvol is om van God te ontvangen wat wij hebben gevraagd in gebed. Het soort van gebed waarin God welgevallen heeft, is het volhardend bidden (Lucas 22: 39) en het neerknielen om rechtstreeks te bidden naar Gods wil. Met zo'n attitude en houding, zullen wij het natuurlijk uitroepen tot God met ons hele hart en zal ons gebed uit geloof en liefde zijn. God onderzoekt dit soort van gebed. We zouden niet alleen moeten bidden wanneer wij iets nodig hebben of bedroefd zijn en maar leuteren in gebed, maar wij moeten bidden naar de wil van God (Lucas 22: 39-41).

Ten vierde, meten de zeven Geesten iemands dankbaarheid.

Want God heeft ons bevolen om in alles dank te geven (1 Thessalonicenzen 5: 18), en iedereen met geloof behoort natuurlijk in alles dankbaar te zijn met zijn hele hart. Daar Hij ons verplaatst heeft van het pad van de vernietiging naar het pad van het eeuwige leven, hoe kunnen wij daar dan niet dankbaar voor zijn? We behoren dankbaar te zijn, want God komt degenen die Hem ernstig zoeken tegemoet en geeft Zijn antwoorden aan degenen die Hem vragen. Bovendien, zelfs wanneer wij moeilijkheden ondergaan tijdens ons korte leven op deze wereld, moeten wij dankbaar zijn omdat onze hoop in de eeuwige hemel is.

Ten vijfde, meten de zeven Geesten of iemand zich al dan niet aan Gods geboden houdt.

1 Johannes 5: 2 vertelt ons, *"Hieraan onderkennen wij, dat wij de kinderen Gods liefhebben, wanneer wij God liefhebben en zijn geboden doen"* en Gods geboden zijn niet zwaar (1 Johannes 5: 3). Iemands volhardend gebed op zijn knieën en het uitroepen tot God is een gebed van liefde dat voortkomt uit zijn

geloof. Door zijn geloof en zijn liefde voor God, zal hij bidden overeenkomstig Zijn Woord.

En toch, klagen vele mensen over het gebrek aan Gods antwoorden, wanneer zij naar het westen gaan, terwijl de Bijbel vertelt om "naar het oosten" te gaan. Het enige wat zij moeten doen is geloven wat de Bijbel hen zegt en het gehoorzamen. Want ze zijn snel in het opzij zetten van Gods woord, beoordelen elke situatie naar hun eigen gedachten en theorieën, en bidden naar hun eigen voordeel, God keert Zijn aangezicht dan van hen af en antwoordt hen niet. Veronderstel dat u met uw vriend hebt afgesproken om elkaar te ontmoeten op een trein station in New York City, en u nam in plaats daarvan de bus om naar New York te gaan. Ongeacht hoe lang u zit te wachten op het busstation, u zult niet in staat zijn om uw vriend te ontmoeten. Wanneer u zelfs naar het westen gaat, nadat God tegen u heeft gezegd "Ga naar het oosten," dan kunt u niet zeggen dat u gehoorzaam was aan Hem. En toch is het tragisch en hartverscheurend om zovele christenen te zien die dat soort geloof hebben. Dit is noch geloof noch liefde. Wanneer wij zeggen dat wij God liefhebben, dan is het normaal voor ons om Zijn geboden te bewaren (Johannes 14: 15; 1 Johannes 5: 3).

De liefde voor God zal u aanvuren om te bidden met meer vurigheid en ijver. Dit zal veranderen in het dragen van de vrucht van de redding van zielen en evangelisatie, en het volbrengen van Gods koninkrijk en gerechtigheid. En uw ziel zal voorspoedig zijn en u zult de kracht van gebed ontvangen. Omdat u het antwoord ontvangt, God verheerlijkt en gelooft, zal dit alles beloond worden in de hemel, zult u dankbaar zijn en niet moe worden. Dus wanneer wij ons geloof in God belijden, is het vanzelfsprekend voor ons om de Tien geboden te bewaren, de beknopte samenvatting van de zesenzestig boeken van de Bijbel.

Ten zesde, meten de zeven Geesten iemands getrouwheid.
God wil dat wij getrouw zijn, niet slechts op een bepaald gebied, maar dat wij getrouw zijn in geheel Zijn huis. Bovendien, zoals geschreven staat in 1 korintiërs 4: 2 *"Voor zulke beheerders is dit tenslotte het vereiste: betrouwbaar te blijken,"* is het gepast voor degenen met een God-gegeven plicht om God om kracht te vragen zodat ze in alles getrouw en betrouwbaar kunnen zijn voor de mensen om hen heen. Bovendien, zouden zij ook moeten vragen om getrouwheid thuis en op het werk, terwijl zij ernaar streven om in alles, waar zij deel van zijn getrouw te zijn, moet hun getrouwheid worden bereikt met de waarheid.

Ten zevende en laatste, meten de zeven Geesten iemands liefde.
Zelfs wanneer iemand gekwalificeerd is overeenkomstig de zes hierboven vermelde standaards, vertelt God ons dat we zonder de liefde "niets" anders zijn dan "een rinkelende cimbaal", en dat de grootste onder geloof, hoop en liefde, de liefde is. Bovendien, vervulde Jezus de wet in liefde (Romeinen 13: 10) en als Zijn kinderen is het juist goed voor ons om elkaar lief te hebben.

Om Gods antwoorden op onze gebeden te ontvangen,

moeten wij eerst gekwalificeerd zijn wanneer wij gemeten worden tegenover de standaards van de zeven Geesten. Betekent dit dan dat nieuwe gelovigen, die de waarheid nog niet kennen, dan niet in staat zijn om Gods antwoorden te ontvangen? Veronderstel een peuter die nog niet kan spreken, en op een dag duidelijk "Mama!" uitspreekt. Zijn ouders zouden heel blij zijn en hun kind alles geven wat het verlangt.

Evenzo, omdat er verschillende niveaus van geloof zijn, meten de zeven Geesten iedereen en antwoorden dan overeenkomstig. Daarom, is God bewogen en verheugt om een nieuweling te antwoorden wanneer zij ook maar een klein beetje geloof laat zien. God wordt bewogen en heeft er welgevallen in om te antwoorden wanneer gelovigen op het tweede of derde niveau van geloof hun overeenkomstige mate van geloof hebben verzameld. Gelovigen op het vierde of vijfde niveau van geloof, wanneer zij leven naar Gods wil en op een nog gepastere wijze tot Hem bidden, worden onmiddellijk gekwalificeerd in de ogen van de zeven Geesten en ontvangen Gods antwoorden sneller.

Samengevat, des te hoger het niveau van geloof is, waar iemand zich bevindt – terwijl hij zich ook bewuster is van de wet van de geestelijke wereld en erdoor leeft – des te sneller hij Gods antwoorden ontvangt. En toch, waarom ontvangen nieuwelingen vaak sneller antwoorden van God? Door de genade die hij van God ontvangt, wordt een nieuwe gelovige gevuld met de Heilige Geest en gekwalificeerd in de ogen van de zeven Geesten en dus kunnen zij sneller Gods antwoorden ontvangen.

Wanneer hij echter dieper in de waarheid gaat, wordt hij lui en geleidelijk aan verliest hij de eerste liefde die hij als zegel had, eens hij koud wordt en de tendens ontwikkelt van "gewoon op deze wijze verdergaan."

In onze bezieling voor God, laat ons geschikter worden in de ogen van de zeven Geesten, door ijverig volgens de waarheid te leven, alles van de Vader te ontvangen waar wij om bidden en gezegende levens te leiden die glorie aan Hem geven!

Hoofdstuk 4

Vernietig de muur van zonde

"Zie, de hand des Heren is niet te kort om te verlossen,
en zijn oor niet te onmachtig om te horen;
maar uw ongerechtigheden zijn het,
die scheiding brengen tussen u en uw God,
en uw zonden doen zijn aangezicht
voor u verborgen zijn, zodat Hij niet hoort.

―――――⁂―――――

(Jesaja 59: 1-2).

God vertelt Zijn kinderen in Mattheüs 7: 7-8, *"Bidt en u zal gegeven worden; zoekt en gij zult vinden; klopt en u zal opengedaan worden. Want een ieder, die bidt, ontvangt, en wie zoekt, vindt, en wie klopt, hem zal opengedaan worden."* en belooft hen om hun gebeden te verhoren. En waarom falen zoveel mensen dan toch in het ontvangen van Gods antwoorden op hun gebeden ondanks Zijn belofte?

God hoort het gebed van de zondaren niet; Hij keert Zijn aangezicht van hen af. Hij is ook niet in staat om het gebed van mensen te verhoren, die een muur van zonde op hun weg naar God hebben staan. Daarom, om te genieten van een goede gezondheid en dat alles goed met ons gaat zoals het onze ziel welgaat, moet het vernietigen van de muur van zonde die onze weg tot God verhinderd prioriteit zijn.

Door verschillende kenmerken te onderzoeken die deel uit maken van het ontstaan van de muur van zonde, spoor ik u aan om Gods gezegende kinderen te worden die zich van hun zonden bekeren als er een muur van zonde tussen God en hen instaat, alles ontvangen waar ze God om vragen in gebed, en Hem alle glorie geven.

1. Vernietig de muur van zonde van uw ongeloof in God en het niet aanvaarden van de Here als uw Redder.

De Bijbel zegt dat het voor iedereen zonde is om niet te geloven in God en Jezus Christus aan te nemen als zijn

Redder (Johannes 16: 9). Vele mensen zeggen, "Ik ben zonder zonde omdat ik een goed leven heb geleid," maar in geestelijke onwetendheid maken zij zo'n opmerkingen omdat ze de natuur van de zonde niet kennen. Omdat het Woord van God niet in hun hart is, weten deze individuen niet het verschil tussen hetgeen echt goed is en hetgeen echt kwaad is en kunnen zij het goede niet van het kwade onderscheiden. Bovendien, zonder de echte gerechtigheid te kennen, als de standaard van deze wereld tegen hen zegt, "U bent niet zo slecht", kunnen zij zonder enig voorbehoud zeggen dat ze goed zijn. Ongeacht hoe iemand gelooft dat hij een goed leven heeft geleid, wanneer hij terug kijkt op zijn leven onder het licht van Gods Woord na het aannemen van Jezus Christus, zal hij ontdekken dat zijn leven helemaal niet zo "goed" is geweest. Dat komt omdat hij beseft dat zijn niet geloven in God en het niet aanvaarden van Jezus Christus de grootste zonden zijn. God is verplicht om de gebeden van het volk dat Jezus Christus heeft aangenomen en Zijn kinderen zijn geworden te antwoorden, terwijl de kinderen van God het recht hebben om Zijn antwoorden te ontvangen op hun gebeden overeenkomstig Zijn belofte.

De reden waarom Gods kinderen – die in Hem geloven en Jezus Christus hebben aangenomen al hun Redder – niet in staat zijn om antwoorden op hun gebeden te ontvangen, is omdat zij falen in het erkennen van het bestaan van een muur, welke voortkomt vanuit hun zonde en slechtheid, die tussen God en hen instaat. Dat is de reden waarom God Zijn aangezicht van hen afkeert en hun gebeden niet antwoordt, zelfs al vasten of bidden zij een hele nacht.

2. Vernietig de zonde van het niet liefhebben van elkaar

God vertelt ons dat het heel normaal voor Zijn kinderen is om elkaar lief te hebben (1 Johannes 4: 11). Bovendien, omdat Hij ons vertelt om zelfs onze vijanden lief te hebben (Mattheüs 5: 44), is het haten van onze broeders in plaats van hen lief te hebben ongehoorzaamheid aan Gods Woord en wordt er een zonde gevormd.

Want Jezus Christus toonde Zijn liefde door de kruisiging voor de mensheid, die opgesloten zaten in zonde en slechtheid, is het goed voor ons om onze ouders, broeders en kinderen lief te hebben. En toch is het een grove zonde voor God om dwaze emoties, zoals haat en onvergevingsgezindheid te koesteren tegen elkaar. God heeft ons niet bevolen om het soort liefde te laten zien waardoor Jezus stierf aan het kruis om de mensheid van zijn zonde te redden; Hij heeft eigenlijk gevraagd om de haat te veranderen in het schenken van vergeving aan anderen. Waarom is het dan zo moeilijk?

God zegt dat een ieder die zijn broeder haat een "moordenaar" is (1 Johannes 3: 15), en dat onze Vader ons op dezelfde wijze zal behandelen tenzij wij onze broeders vergeven (Mattheüs 18: 35), en spoort ons aan om liefde te koesteren en weg te blijven van het mopperen tegen onze broeders om aan het oordeel te ontkomen (Jakobus 5: 9).

Want de Heilige Geest verblijft in een ieder van ons, omdat de liefde van Jezus Christus die gekruisigd werd en ons van onze zonde, die wij in het verleden, het heden en in de toekomst nog zullen doen, heeft verlost, kunnen wij alle mensen liefhebben die zich bekeren voor Hem, kunnen wij ons afkeren van onze wegen en Zijn vergeving ontvangen. Want de mensen van deze wereld geloven niet in Jezus Christus, er is echter geen vergeving voor hen ook al zouden zij zich bekeren en zij zijn niet in staat om echte liefde te delen zonder de leiding van de Heilige Geest.

Zelfs wanneer uw broeder u haat, moet u het soort van hart bezitten waarmee u blijft staan in de waarheid, hem begrijpt en vergeeft, en voor hem bidt in liefde, zodat u zelf ook geen zondaar wordt. Wanneer wij onze broeder haten in plaats van hem lief te hebben, hebben wij voor God gezondigd, verliezen wij de volheid van de Heilige Geest, worden wij ellendig en dwaas terwijl wij onze dagen klagend spenderen. Noch zouden wij moeten verwachten dat God onze gebeden verhoord.

Alleen door de hulp van de Heilige Geest, kunnen wij onze broeders liefhebben, begrijpen en vergeven, en van God de antwoorden ontvangen op alles wat wij vragen in gebed.

3. Vernietig de muur van zonde van het ongehoorzaam zijn aan Gods geboden

In Johannes 14: 21, vertelt Jezus ons, *"Wie mijn geboden heeft en ze bewaart, die is het, die Mij liefheeft; en wie Mij liefheeft, zal geliefd worden door mijn Vader en Ik zal hem liefhebben en Mijzelf aan hem openbaren."* Om die reden, vertelt 1 Johannes 3: 21 ons dat, *"Geliefden, als ons hart ons niet veroordeelt, hebben wij vrijmoedigheid tegenover God."* Met andere woorden, als er een muur van zonde is ontstaan door onze ongehoorzaamheid aan Gods geboden, kunnen wij niet Zijn antwoorden ontvangen op onze gebeden. Alleen wanneer Gods kinderen hun Vaders geboden gehoorzamen en datgene doen wat Hem welgevallig is, kunnen zij Hem alles met vertrouwen vragen wat zij verlangen en alles ontvangen wat zij vragen.

1 Johannes 3: 24 herinnert er ons aan, *"En wie zijn geboden bewaart, blijft in Hem en Hij in hem. En hieraan onderkennen wij, dat Hij in ons blijft: aan de Geest, die Hij ons gegeven heeft."* Het benadrukt dat alleen wanneer iemands hart echt gevuld is met de waarheid door zijn hart volledig aan de Here te geven en te leven door de leiding van de Heilige Geest, hij alles kan ontvangen waar hij om vraagt en zijn leven zal in al zijn wegen voorspoedig zijn.

Bijvoorbeeld, als er honderd kamers waren in iemands hart en hij zou ze alle honderd aan de Here geven, dan zou zijn ziel voorspoedig zijn en hij zou de zegeningen over alles wat hij doet ondervinden. En toch, wanneer dezelfde persoon maar vijftig kamers van zijn hart aan de Here zou geven en de andere vijftig zou gebruiken voor zichzelf, dan zal hij niet altijd Gods antwoorden kunnen ontvangen, omdat hij alleen maar voor de helft van de tijd de leiding van de Heilige Geest ontvangt, terwijl hij de andere vijftig gebruikt om God in zijn gedachten te vragen of in overeenstemming met zijn vleselijke verlangens. Want onze Heer verblijft in een ieder van ons, zelfs wanneer er een hindernis is voor ons, versterkt Hij ons om er omheen te gaan of overheen te lopen. Zelfs al gaan wij door een dal van diepe duisternis, Hij geeft ons een weg om het te mijden, werkt alle dingen uit voor ons goed, en leidt ons op voorspoedige wegen.

Wanneer wij God behagen door Zijn geboden te gehoorzamen, leven wij in God en Hij leeft in ons, en wij kunnen Hem de glorie geven wanneer wij alles ontvangen waar wij om bidden. Laat ons de muur van zonde van ongehoorzaamheid vernietigen, ze beginnen te gehoorzamen, vertrouwend worden voor God, en Hem de glorie geven door alles wat we vragen te ontvangen.

4. Vernietig de muur van zonde van het bidden om uw begeerten te bevredigen

God zegt ons om alles in ons leven te doen tot Zijn glorie (1 Korintiërs 10: 31). Wanneer wij voor iets bidden buiten Zijn glorie, dan zoeken wij naar de vervulling van onze eigen verlangens en begeerten van het vlees, en kunnen wij Gods antwoorden op zo'n verzoeken niet ontvangen (Jakobus 4: 3).

Aan de ene kant, wanneer u materiële zegeningen voor Gods koninkrijk en Zijn gerechtigheid zoekt, de steun voor de armen, en de redding van zielen, zult u Gods antwoorden ontvangen, omdat u in feite Zijn glorie zoekt. Aan de andere kant, wanneer u materiële zegeningen zoekt in de hoop om te kunnen opscheppen tegen een broeder die u heeft bestraft, "Hoe kunt u nu arm zijn wanneer u naar de kerk gaat?" dan bidt u eigenlijk overeenkomstig het kwade om uw verlangens te bevredigen, en zal er geen antwoord op uw gebed komen. Zelfs in deze wereld, zullen ouders die echt van hun kind houden, hem geen $ 100 geven om het te verkwisten in een speelautomatenhal. Evenzo, wil God niet dat Zijn kinderen op het verkeerde pad wandelen en om die reden antwoordt Hij niet elk verzoek dat Zijn kinderen maken.

1 Johannes 5: 14-15 zegt ons, *"En dit is de vrijmoedigheid, die wij tegenover Hem hebben, dat Hij, indien wij iets bidden naar zijn wil, ons verhoort. En indien wij weten, dat Hij ons verhoort, wat wij ook bidden, weten wij, dat wij de beden verkregen hebben, die wij van Hem hebben gebeden."* Alleen wanneer wij onze begeerten verwerpen en bidden naar de wil van God en tot Zijn glorie, zullen wij alles ontvangen wat wij Hem vragen in gebed.

5. Vernietig de muur van zonde van twijfelen in gebed

Want God heeft er welgevallen in wanneer wij Hem ons geloof laten zien, want zonder geloof is het onmogelijk om God welgevallig te zijn (Hebreeën 11: 6). Zelfs vanuit de Bijbel, kunnen wij vele voorbeelden zien van mensen die hun geloof aan Hem lieten zien (Mattheüs 20: 29-34; Marcus 5: 22-43, 9: 17-27, 10: 46-52). Wanneer mensen falen in het laten zien van hun geloof in God, werden zij bestraft voor hun "kleine geloof", zelfs al waren ze Jezus Zijn discipelen (Mattheüs 8: 23-27). Wanneer mensen hun grote geloof in God lieten zien, zelfs de Heidenen, werden zij aanbevolen (Mattheüs 15: 28).

God bestraft degenen die niet in staat zijn om te geloven, maar eerder twijfelen, zelfs al is het maar een klein beetje (Marcus 9: 16-29), en vertelt ons dat als wij ook maar een gram twijfel koesteren wanneer wij bidden, we niet moeten denken dat we ook maar iets gaan ontvangen van de Here (Jakobus 1: 6-7). Met andere woorden, zelfs wanneer wij een hele nacht vasten en bidden, als ons gebed met twijfel is gevuld, moeten wij niet eens verwachten om Gods antwoorden te ontvangen.

Bovendien, herinnert God ons, *"Voorwaar, Ik zeg u, wie tot deze berg zou zeggen, hef u op en werp u in de zee, en in zijn hart niet zou twijfelen, maar geloven, dat hetgeen hij zegt geschiedt, het zal hem geschieden. Daarom zeg Ik u, al wat gij bidt en begeert, gelooft, dat gij het hebt ontvangen, en het zal geschieden"* (Marcus 11: 23-24).

Want *"God is geen man, dat Hij liegen zou; of een mensenkind, dat Hij berouw zou hebben"* (Numeri 23: 19), zoals God beloofde, verhoort Hij inderdaad het gebed van degenen die geloven en vragen om Zijn glorie. Mensen die van God houden en geloof bezitten zijn gebonden aan geloof en zoeken Gods glorie en dat is de reden waarom er tegen hen gezegd is dat zij alles kunnen vragen wat zij willen. Wanneer zij geloven, vragen en antwoorden ontvangen op wat zij vragen, kunnen deze mensen God verheerlijken. Laat ons afrekenen met elke twijfel, en enkel geloven, vragen en ontvangen van God, zodat we glorie aan Hem kunnen geven naar onze hartenlust.

6. Vernietig de muur van zonde van het niet zaaien voor God

Als de Heerser over alle dingen in het universum, heeft God de wet van de geestelijke wereld opgericht als een rechtvaardig Rechter en leidt Hij alles op een ordelijke wijze.

Koning Darius kon zijn geliefde dienaar Daniel niet redden van de leeuwenkuil, omdat, zelfs als koning, hij aan een wet die hij zelf had geschreven niet ongehoorzaam kon zijn. Evenzo, kan ook God de wet van de geestelijke wereld die Hijzelf heeft opgericht, niet overtreden, omdat alles in dit universum automatisch onder Zijn toezicht loopt. Daarom, "kan er niet met God worden gespot" en staat Hij een mens toe om datgene wat hij gezaaid heeft te oogsten (Galaten 6: 7). Wanneer iemand gebed zaait, ontvangt hij geestelijke zegeningen; wanneer hij tijd zaait, zal hij de zegening van een goede gezondheid ontvangen; wanneer hij offers zaait, bewaart God hem van problemen in zijn bedrijf, werk of thuis, en geeft zelfs nog grotere financiële zegeningen.

Wanneer wij voor God zaaien op verschillende manieren, antwoord Hij onze gebeden en geeft ons alles wat wij vragen. Laat ons niet alleen overvloedige vrucht dragen door ijverig te zaaien voor God, maar ook alles ontvangen waar wij Hem om vragen in gebed.

Naast de zes muren van zonde die hierboven vermeld zijn, omvat "zonde" ook de verlangens en werken van het vlees zoals ongerechtigheid, na-ijver, wraak, boosheid, en trots, het niet tot bloedens toe vechten tegen de zonden en het niet vurig zijn voor het koninkrijk van God. Door een verscheidenheid aan factoren te leren kennen en begrijpen, die een muur oprichten tussen God en ons, laat ons de muur van zonde vernietigen, en altijd Gods antwoorden ontvangen, en Hem daarbij alle glorie geven. Een ieder van ons behoort een gelovige te worden die geniet van een goede gezondheid en die het welgaat in elke zaak, alsook de voorspoed van onze ziel.

Gebaseerd op Gods Woord dat geschreven staat in Jesaja 59: 1-2, hebben wij een aantal factoren onderzocht die een muur oprichten tussen God en ons. Ik bid in de naam van Jezus Christus, dat een ieder van u een gezegend kind van God mag worden, die eerst de natuur van deze muur begrijpt, geniet van een goede gezondheid en in elke zaak succes heeft, en dat het ook met uw ziel voorspoedig gaat en u alle glorie zult geven aan uw Hemelse Vader door alles te ontvangen waar u om vraagt in gebed

Hoofdstuk 5

U oogst datgene wat u hebt gezaaid

(Bedenkt) dit: wie karig zaait, zal ook karig oogsten,
en wie mildelijk zaait, zal ook mildelijk oogsten.
En ieder doe, naardat hij zich in zijn hart heeft voorgenomen,
niet met tegenzin of gedwongen,
want God heeft de blijmoedige gever lief.

(2 Korintiërs 9: 6-7).

Elke herfst, kunnen we de overvloed zien van gouden golven van rijpe rijstplanten in het veld. Om deze rijstplanten te kunnen oogsten, weten wij dat er boeren gewerkt hebben en zich hebben toegewijd door deze zaadjes te planten in het veld en de plantjes te verzorgen, tijdens de lente en de zomer.

Een boer die een groot veld heeft en meer zaadjes zaait, moet meer inspanning leveren dan een boer die minder zaadjes heeft gezaaid. Maar met de hoop op een grotere oogst, werkt hij ijveriger en met meer passie. Net zoals de wet van de natuur voorschrijft dat "iemand zaait wat hij oogst", behoren wij ook te weten dat de wet van God, die de Eigenaar is van de geestelijke wereld, hetzelfde patroon volgt.

Onder de christenen van vandaag, blijven sommigen God vragen om hun verlangens te vervullen zonder te zaaien, terwijl anderen klagen over het gebrek aan Zijn antwoorden ondanks hun gebeden. Ondanks dat God Zijn kinderen overvloedige zegeningen en antwoorden wil geven op elk probleem, falen mensen vaak in het begrijpen van de wet van zaaien en oogsten en ontvangen zij dus niet wat zij van God verlangen.

Gebaseerd op de wet van de natuur, die ons vertelt, "iemand oogst wat hij zaait," laat ons eens kijken naar wat we moeten zaaien en hoe we moeten zaaien om altijd Gods antwoorden te ontvangen en Hem te verheerlijken zonder terughoudendheid.

1. Het veld moet eerst gecultiveerd worden

Voordat er zaad kan worden gezaaid, moet een boer eerst het veld cultiveren waarop hij werkt. Hij verwijdert de stenen, maakt de grond gelijk, en schept een omgeving en staat waarin de zaadjes goed kunnen groeien. Overeenkomstig de toewijding en inspanning van de boer, kan zelfs een onvruchtbaar stuk grond veranderen in vruchtbare grond. De Bijbel vergelijkt het hart van elk persoon met een veld en verdeelt deze in vier verschillende types (Mattheüs 13: 3-9).

Het eerste type is "langs de weg."

De grond van het veld langs de weg is vast. Een individu met zo'n hart gaat naar de kerk, maar zelfs nadat hij het woord heeft gehoord, opent hij de deur van zijn hart niet. Daarom is hij niet in staat om God te kennen, en mede door zijn gebrek aan geloof, faalt hij erin om te worden verlicht.

Het tweede type is "een rotsachtig veld"

In dat rotsachtige veld, kunnen de knoppen niet goed groeien, vanwege de stenen in het veld. Een individu met zo'n hart kent het woord over het algemeen als kennis en zijn geloof gaat niet gepaard met werken. Vanwege zijn gebrek aan zekerheid van geloof, valt hij snel tijdens tijden van beproeving en lijden.

Het derde type is "een doornachtig veld."

In dat doornachtige veld, stikken de plantjes, vanwege de

doorns die er groeien en kunnen er geen goede vruchten worden geoogst. Een individu met zo'n hart gelooft in Gods woord en probeert er door te leven. Maar hij handelt niet naar Gods wil, maar naar zijn eigen vleselijke begeerten. Omdat de groei van het woord dat gezaaid is in zijn hart wordt aangestampt door de beproevingen van bezittingen en voordelen of zaken van deze wereld, kan hij geen vrucht dragen. Ondanks dat hij bidt, is hij niet in staat om te steunen op de "onzichtbare" God en wordt hij dus snel betrokken in zijn eigen gedachten en wegen. Dat is de reden waarom hij faalt in het ervaren van Gods kracht omdat Hij slechts van op een afstand over die persoon kan waken.

Het vierde type is "goede grond."

Een gelovige met deze goede grond zegt enkel "amen" op alles wat in het woord van God staat en gehoorzaamt het door geloof zonder enige gedachten van zichzelf erin te brengen of te berekenen. Wanneer de zaadjes in deze goede grond worden gezaaid, zullen zij goed groeien en honderd-, zestig- of dertigvoudig vrucht dragen.

Jezus zei enkel "amen" en was getrouw aan het woord van God (Filippenzen 2: 5-8). Evenzo, een individu met zo'n "goede grond" hart is onvoorwaardelijk getrouw aan het woord van God en leeft erdoor. Wanneer Zijn woord zegt dat hij zich altijd moet verblijden, dan is hij in alle omstandigheden vreugdevol. Wanneer Zijn woord zegt om onophoudelijk te bidden, dan bidt hij onophoudelijk. Een persoon die een goede grond bezit in zijn hart, kan altijd met God communiceren, alles ontvangen wat hij vraagt en leven door Zijn wil.

Ongeacht wat voor soort veld wij hebben op dit moment, we kunnen het altijd veranderen in goede grond. We kunnen steenachtige velden omploegen en de stenen en doorns verwijderen, en elk veld vruchtbaar maken.

Hoe kunnen wij ons hart dan cultiveren tot "goede grond"?

Ten eerste, moeten wij God aanbidden in Geest en in waarheid.

We moeten God ons hele denken, wil, toewijding, en kracht geven en ons hart in liefde aan Hem offeren. Alleen dan kunnen wij bewaard blijven van ijdele gedachten, vermoeidheid, en slaperigheid, en zijn wij in staat om ons hart te veranderen in goede grond door de kracht die van boven komt.

Ten tweede, moeten wij onze zonden tot bloedens toe verwerpen.

Wanneer wij volledig Gods woord gehoorzamen, inclusief de geboden "Doe dit" en "Doe dat niet", en erdoor leven, zal ons hart geleidelijk aan veranderen in goede grond. Bijvoorbeeld, wanneer na-ijver, jaloezie, haat en dergelijke in ons worden ontdekt, kan ons hart enkel veranderen in goede grond door vurig te bidden.

Naar de mate dat wij het veld van ons hart onderzoeken en ijverig cultiveren, groeit ons geloof ook des te meer en gaat door de liefde van God alles goed in elke zaak. We moeten ons land ijverig cultiveren, zodat ons geestelijke geloof des te meer groeit naarmate wij leven naar Gods Woord. Des te meer ons geestelijke geloof groeit, des te meer "goede grond" wij kunnen bezitten. Hiervoor moeten wij ons hart des te ijveriger cultiveren.

2. Verschillende zaadjes moeten worden gezaaid.

Eens het land gecultiveerd is, begint de boer het zaad te zaaien. Net zoals we verschillende types van voedsel gebalanceerd innemen om onze gezondheid te behouden, plant en verbouwt de boer zo'n verschillende zaadjes zoals rijst, graan, groenten, bonen en dergelijke.

In het zaaien voor God, moeten wij vele verschillende dingen zaaien. "Zaaien" verwijst geestelijk naar het gehoorzamen, aan Gods geboden, wat Hij ons zegt om te "doen". Bijvoorbeeld, wanneer God ons zegt om ons altijd te verblijden, kunnen wij met vreugde zaaien, welke voorkomt vanuit onze hoop voor de hemel, en door deze vreugde behagen wij ook God en geeft Hij ons de verlangens van ons hart (Psalm 37: 4). Wanneer Hij ons vertelt om "Het evangelie te verkondigen" moeten wij ijverig Gods woord verspreiden. Wanneer Hij ons vertelt om "anderen lief te hebben", "getrouw te zijn", "dankbaar te zijn" en "te bidden" moeten wij dat nauwkeurig en ijverig zo doen zoals ons wordt opgedragen.

Bovendien, door te leven door Gods woord zoals het geven van de tienden en heiligen van de sabbat, is dat een daad van zaaien voor Hem, en datgene wat wij zaaien kan ontkiemen, goed groeien en overvloedige vrucht dragen.

Wanneer wij karig, met tegenzin of met druk zaaien, zal God onze pogingen niet aanvaarden. Net zoals een boer zijn zaad zaait in de hoop op een goede oogst in de herfst, moeten wij ook door geloof geloven en onze ogen richten op God die ons honderd-, zestig- of dertigvoudig zegent, voor wat wij zaaien.

Hebreeën 11: 6 zegt ons, "maar zonder geloof is het onmogelijk (Hem) welgevallig te zijn. Want wie tot God komt, moet geloven, dat Hij bestaat en een beloner is voor wie Hem ernstig zoeken." Door ons vertrouwen in Zijn woord te plaatsen, wanneer wij kijken naar onze God die ons beloond en voor Hem zaaien, kunnen wij overvloedig oogsten in deze wereld en onze beloningen verzamelen in het Hemelse Koninkrijk.

3. Het veld moet zich uitstrekken in volharding en met toewijding

Na het zaaien van zaad, zorgt de boer met uiterste zorg voor het veld. Hij bewatert de plantjes, verwijdert het onkruid en vangt alle insecten. Zonder veel volhardende pogingen, kunnen plantjes wel ontkiemen, maar ook snel weer verdorren en sterven voordat ze vrucht dragen.

Geestelijk staat "water" voor Gods woord. Zoals Jezus ons vertelt in Johannes 4: 14, *"maar wie gedronken heeft van het water, dat Ik hem zal geven, zal geen dorst krijgen in eeuwigheid, maar het water, dat Ik hem zal geven, zal in hem worden tot een fontein van water, dat springt ten eeuwigen leven,"* symboliseert water eeuwig leven en de waarheid. "Het vangen van insecten" staat voor het gewapend zijn met Gods woord dat in onze harten geplant is tegen de vijand duivel. Door aanbidding, lofprijs, en gebed, kan de volheid in ons hart vastgehouden worden, zelfs wanneer de vijand duivel komt om ons grondwerk te verstoren.

"Het verwijderen van onkruid uit het veld" is het proces waarin wij leugens zoals woede, haat en dergelijke verwijderen. Wanneer wij vurig bidden en ernaar streven om de woede en haat te verwerpen, wordt woede ontworteld wanneer er een zaad van zachtmoedigheid opkomt, en wordt haat ontworteld wanneer er liefde ontspringt. Wanneer de leugens zijn verwijderd en de verhindering van de vijand duivel weg zijn, kunnen wij opgroeien als Zijn ware kinderen.

Een belangrijke factor in het onderhouden van het veld na het zaaien van zaad is het wachten op de juiste tijd met volharding. Wanneer de boer te vroeg de grond omspit, na het zaaien van de zaadjes, om te zien of zijn zaadjes al niet opkomen, kunnen de zaadjes heel gemakkelijk vergaan. Tot de oogst, is een groot deel van toewijding en volharding vereist.

De tijd die nodig is om vrucht te dragen verschilt van zaad tot zaad. Terwijl de zaadjes van meloenen of watermeloenen in minder dan een jaar vrucht dragen, hebben appel- en perenbomen een paar jaar nodig. De vreugde van een gingseng boer, zal vele keren groter zijn dan die van een watermeloen boer, omdat de waarde van gingseng dat voor jaren gecultiveerd wordt, niet vergeleken kan worden met die van de watermeloenen, welke in veel kortere tijd groeiden. Evenzo, wanneer wij voor God zaaien overeenkomstig Zijn woord, zijn wij soms in staat om Zijn antwoorden onmiddellijk te ontvangen en de vrucht te oogsten, maar andere keren, is er misschien meer tijd vereist. Zoals Galaten 6: 9 ons herinnert, "Laten wij niet moede worden goed te doen, want, wanneer het eenmaal tijd is, zullen wij oogsten, als wij niet verslappen," moeten wij tot de tijd van de oogst ons veld verzorgen met volharding en toewijding.

4. U oogst wat u heeft gezaaid

In Johannes 12: 24 vertelt Jezus ons, *"Voorwaar, voorwaar, Ik zeg u, indien de graankorrel niet in de aarde valt en sterft, blijft zij op zichzelf; maar indien zij sterft, brengt zij veel vrucht voort."* Overeenkomstig Zijn wet, plantte de God van gerechtigheid Jezus Christus, Zijn enige Zoon als een verzoenoffer voor de mensheid en stond Hem toe om de kern van graan te worden, om te vallen en te sterven. Door Zijn dood, bracht Jezus veel vrucht voort.

De wet van de geestelijke wereld die gelijk is aan de wet van de natuur die zegt, "u zult oogsten wat u zaait", kan de wet van God niet worden overtreden. Galaten 6: 7-8 vertelt ons expliciet, *"Dwaalt niet, God laat niet met Zich spotten. Want wat een mens zaait, zal hij ook oogsten. Want wie op (de akker van) zijn vlees zaait, zal uit zijn vlees verderf oogsten, maar wie op (de akker van) de Geest zaait, zal uit de Geest eeuwig leven oogsten."* Wanneer een boer zaadjes in zijn veld zaait, kan hij afhankelijk van het soort van zaad, sommige eerder oogsten dan andere en zaad blijven zaaien terwijl hij oogst. Des te meer de boer zaait en zijn veld ijverig verzorgd, des te groter zijn oogst zal zijn. Evenzo, oogsten wij in onze relatie met God ook datgene wat wij zaaien.

Wanneer u gebed en lofprijs zaait, kunt u door de kracht van boven leven door Gods woord, terwijl het goed gaat met uw ziel. Wanneer u getrouw werkt voor het koninkrijk van God, zal elke ziekte u verlaten, terwijl u de zegeningen in het vlees en de geest ontvangt. Wanneer u ijverig zaait met uw materiële bezittingen, tienden, en dankoffers, zal Hij u grotere materiële zegeningen geven, waardoor u in staat zult zijn om deze te gebruiken voor zijn koninkrijk en gerechtigheid.

Onze Heer, die elk persoon beloont naar datgene wat hij heeft gedaan, vertelt ons in Johannes 5: 29, *"En zij zullen uitgaan, wie het goede gedaan hebben, tot de opstanding ten leven, wie het kwade bedreven hebben, tot de opstanding ten oordeel."* Dus wij moeten leven door de Heilige Geest en goed doen in ons leven.

Wanneer iemand niet zaait in de Heilige Geest, maar naar zijn eigen verlangens, kan hij alleen maar dingen oogsten van deze wereld, die uiteindelijk voorbij zullen gaan. Wanneer u anderen meet en oordeelt, zult u ook gemeten en geoordeeld worden overeenkomstig het woord van God, dat zegt, *"Oordeelt niet, opdat gij niet geoordeeld wordt; want met het oordeel, waarmede gij oordeelt, zult gij geoordeeld worden, en met de maat, waarmede gij meet, zal u gemeten worden"* (Mattheüs 7: 1-2).

God vergaf ons al onze zonden die wij hebben gedaan voordat wij Jezus Christus hebben aangenomen. Maar wanneer wij zondigen na het kennen van de waarheid en de zonden, zelfs al zijn wij vergeven door onze bekering, zullen wij vergelding ontvangen.

Wanneer u zonde hebt gezaaid, zult u overeenkomstig de wet van de geestelijke wereld, de vrucht van uw zonde oogsten en tijden van beproevingen en lijden ondergaan.

Toen Gods geliefde, David, zondigde, zei God tegen hem, *"Waarom hebt gij het woord des Heren veracht, en gedaan wat kwaad is in zijn ogen?"* en *"Zie, Ik zal over u een kwaad doen komen, uit uw eigen huis."* (2 Samuel 12: 9; 11). Terwijl David vergeving van zijn zonden ontving nadat hij zich bekeerde, "Ik heb gezondigd tegen de Here", weten wij ook dat God het kind dat voortkwam uit Uria's vrouw door David, stierf (2 Samuel 12: 13-15).

Wij behoren door de waarheid te leven en goed te doen, ons herinneren dat we alles oogsten wat wij zaaien, in de Heilige Geest moeten zaaien, eeuwige leven ontvangen van de Heilige Geest en altijd Gods overvloedige zegeningen ontvangen.

In de Bijbel zijn vele personen die God welgevallig waren en daarna Zijn overvloedige zegeningen ontvingen. Want de vrouw in Shunim, die Elisa, de man van God had verzorgt met uiterst respect en hoffelijkheid, verbleef in haar huis, elke keer wanneer hij door het gebied trok. Nadat zij met haar man had besproken een kamer te maken voor Elisa, maakte de vrouw een kamer klaar voor de profeet en plaatste er een bed, een tafel, een stoel en lamp in en spoorde Elisa aan om in haar huis te blijven (2 Koningen 4: 8-10).

Elisa was bewogen door de toewijding van de vrouw. Toen hij zag dat haar man oud was en zij kinderloos waren, en dat het hebben van een eigen kind haar wens was, vroeg Elisa aan God voor de zegen dat deze vrouw een kind zou baren, en God gaf haar een jaar later een zoon (2 Koningen 4: 11-17).

Zoals God ons in Psalm 37: 4 belooft, *"verlustig u in de Here; dan zal Hij u geven de wensen van uw hart."* Kreeg de Sunamitische vrouw het verlangen van haar hart, omdat ze voor de dienaar van God had gezorgd met toewijding (2 Koningen 4: 8-17).

In Handelingen 9: 36-40 staat geschreven over een vrouw in Joppe, genaamd Tabitha, die bekend stond om haan goede werken en liefdadigheid. Toen zij ziek werd en stierf, rapporteerden de discipelen dit nieuws aan Petrus. Toen hij in beeld kwam, lieten de weduwen de mantels en andere kleren zien die Tabitha had gemaakt voor hen, en smeekten hem om de vrouw terug tot leven te brengen. Petrus werd diep geraakt door het gebaar van de vrouwen en bad ernstig tot God. Toen hij zei, "Tabitha, sta op," opende zij haar ogen en ging rechtop zitten. Omdat Tabitha voor God had gezaaid door goed te doen en de armen te helpen, kon zij de zegen van verlenging van haar leven ontvangen.

In Marcus 12: 44 staat het verhaal beschreven van een arme weduwe die alles aan God gaf. Jezus, die naar het geven keek van de menigte in de tempel, zei tegen Zijn discipelen, *"Want allen hebben erin geworpen van hun overvloed, maar zij heeft van haar armoede erin geworpen, al wat zij had, haar ganse levensonderhoud."* En Hij prees haar. Het is niet moeilijk om te weten dat de vrouw later in haar leven grote zegeningen ontving.

Overeenkomstig de wet van de geestelijke wereld, staat de God van gerechtigheid ons toe om datgene wat wij gezaaid hebben te oogsten, overeenkomstig ieders persoonlijke geloof in Zijn woord en naar de gehoorzaamheid ervan, behoren wij te begrijpen dat we alles wat we in gebed vragen kunnen ontvangen. Met dit in onze gedachten, bid ik dat een ieder van u zijn hart zal onderzoeken, het ijverig zal ontwikkelen tot goede grond, veel zaad zal zaaien, deze zal verzorgen in volharding en met toewijding, en overvloedig vrucht zal dragen, in de naam van onze Heer Jezus Christus!

Hoofdstuk 6

Elia ontving Gods antwoord met vuur

Vervolgens zeide Elia tot Achab: "Ga, eet en drink, want daar is het geruis van een stortregen." Toen ging Achab heen om te eten en te drinken. Elia echter klom naar de hoogte van de Karmel, boog zich ter aarde en legde zijn aangezicht tussen zijn knieën. Daarop zeide hij tot zijn knecht: "Klim omhoog, zie uit naar de zeekant." Hij klom omhoog en zag uit, maar zeide: "Er is niets." Daarop zeide hij: "Ga weer." Tot zevenmaal toe. Bij de zevende maal nu zeide hij: "Zie, een wolkje als eens mans hand stijgt op uit de zee." Toen zeide hij: "Ga heen, zeg aan Achab: Span in en daal af, laat de stortregen u niet ophouden". Toen, in een oogwenk, werd de hemel zwart van wolken en wind, en viel er een zware stortregen. Daarop reed Achab weg en ging naar Jizreël.

(1 Koningen 18: 41-45).

De krachtige dienaar van God, Elia kon getuigen van de levende God en maakte het mogelijk voor de Israëlische afgodendienaars om zich te bekeren van hun zonden, door Gods antwoord met vuur te vragen en te ontvangen. Bovendien, was er gedurende drie en een halfjaar geen regen gevallen, vanwege de toorn van God tegen de Israëlieten, en het was Elia die het wonder verrichtte van het eindigen van de droogte en het voortbrengen van hevige regens.

Wanneer wij in de levende God geloven, moeten wij ook in ons leven Gods antwoorden met vuur ontvangen, zoals bij Elia, getuigen van Hem zijn en Hem alle glorie geven.

Door het geloof van Elia te onderzoeken, waardoor hij antwoorden van God ontving met vuur, en met zijn eigen ogen de vervulling van zijn hartverlangen zag, laat ons ook gezegende kinderen van God worden, die altijd de antwoorden van onze Vader ontvangen met vuur.

1. Het geloof van Elia, de dienaar van God

Als Gods uitverkorenen, mochten de Israëlieten alleen God aanbidden, maar hun koningen begonnen kwade dingen te doen in de ogen van God en aanbaden afgoden. Tegen de tijd dat Achab de troon besteeg, begon het volk nog slechtere dingen te doen en bereikte de afgoderij het hoogtepunt. Op dat moment, keerde de toorn van God zich tegen Israël en ontstond er een ramp door een droogte van drie en een half jaar. God richtte Zijn dienaar op en door hem liet Hij Zijn werken zien.

God zei tegen Elia, *"Ga heen, vertoon u aan Achab, want Ik wil regen op de aardbodem geven."* (1 Koningen 18: 1).

Mozes, die de Israëlieten uit Egypte leidde, was eerst ongehoorzaam toen God hem beval om voor Farao te verschijnen. Toen Samuel vertelt werd dat hij David moest zalven, was ook de profeet in eerste instantie ongehoorzaam aan God. Toen God echter tegen Elia zei om te gaan en zich voor Achab, de koning die hem gedurende drie jaren probeerde te doden, te plaatsen gehoorzaamde de profeet onvoorwaardelijk en liet Hem het soort van geloof zien waarin God welgevallen had.

Want Elia gehoorzaamde en geloofde in alles wat in Gods woord stond en door de profeet kon God Zijn werken opnieuw en opnieuw laten zien. God had welgevallen in het gehoorzame geloof van Elia, hield van hem, erkende hem als Zijn dienaar, was bij hem overal waar hij ging, en waarborgde zijn inspanningen. Want God verzekerde Elia's geloof; hij kon doden opwekken, Gods antwoorden met vuur ontvangen, en opgenomen worden in de hemel met een wervelwind. Ondanks dat er maar één God in de hemel gezeteld is, kan de almachtige God alle dingen in het universum overzien en toestaan dat Zijn werk plaatsvindt op elke plaats waar Hij aanwezig is. Zoals we kunnen zien in Marcus 16: 20, *"Doch zij gingen heen en predikten overal, terwijl de Here medewerkte en het woord bevestigde door de tekenen, die erop volgden.]"* wanneer een individu en zijn geloof door God worden erkend en bevestigd, gaan wonderen en Zijn antwoorden samen met het gebed van de persoon, als een bewijs van de manifestaties van Zijn werk.

2. Elia ontvangt Gods antwoorden met vuur

Want het geloof van Elia was groot en hij was gehoorzaam genoeg om waardig te zijn om Gods erkenning te ontvangen, en daardoor kon de profeet vrijmoedig profeteren over de dreigende droogte in Israël.

Hij kon aan Koning Achab verklaren, *"Zo waar de Here, de God van Israël, leeft, in wiens dienst ik sta, er zal deze jaren geen dauw of regen zijn, tenzij dan op mijn woord."* (1 Koningen 17: 1).

Want God wist reeds dat Achab het leven van Elia, die geprofeteerd had over de droogte, in gevaar zou brengen, en daarom leidde God de profeet naar de beek Kerrit, vertelde hem om daar te blijven voor een poosje, en Hij gaf de raven het bevel om hem brood en vlees te brengen in de morgen en in de avond. Toen de beek Kerrit opdroogde door gebrek aan regen, leidde God Elia naar Zarafat en liet een weduwe in zijn behoefte van voedsel voorzien.

Toen de zoon van de weduwe ziek werd, en het ernstiger en ernstiger werd, tot hij uiteindelijk stierf, riep Elia het in gebed uit tot God: *"Here, mijn God! Laat toch de ziel van dit kind in hem terugkeren"* (1 Koningen 17: 21)!

God hoorde het gebed van Elia, bracht de jongen terug tot leven, en stond hem toe om te leven. Door dit incident, bewees God dat Elia een man van God was en dat het woord van God in zijn mond de waarheid was (1 Koningen 17: 24).

De mensen van onze generatie leven in een tijd dat zij nooit in God kunnen geloven tenzij zij de wonderlijke tekenen en wonderen zien (Johannes 4: 48). Om te getuigen van de levende God vandaag, moet een ieder van ons gewapend zijn met het soort van geloof dat Elia bezat en vrijmoedig het evangelie verkondigen.

In het derde jaar van de profetie waarin Elia tot Achab zei, *"Zo waar de Here, de God van Israël, leeft, in wiens dienst ik sta, er zal deze jaren geen dauw of regen zijn, tenzij dan op mijn woord,"* zei God tot Zijn profeet, *"Ga heen, vertoon u aan Achab, want Ik wil regen op de aardbodem geven."* (1 Koningen 18: 1). We zien ook in Lucas 4: 25 dat *"in de dagen van Elia in Israël, toen de hemel drie jaren en zes maanden lang gesloten bleef en er grote hongersnood was over het gehele land."* Met andere woorden, er was geen regen in Israël gevallen gedurende drie en een half jaar. Voordat Elia voor de tweede keer naar Achab ging, had de koning tevergeefs naar de profeet gezocht in de buurlanden, gelovende dat Elia de schuldige was aan deze drie en half jaar durende droogte.

Ondanks dat Elia gedood kon worden op het moment dat hij voor Achab zou verschijnen, gehoorzaamde hij vrijmoedig het Woord van God. Toen Elia voor Achab stond, vroeg de koning hem, *"Zijt gij daar, gij, die Israël in het ongeluk stort?"* (1 koningen 18: 17). Hierop antwoordde Elia, *"Ik heb Israël niet in het ongeluk gestort, maar gij en uws vaders huis, doordat gij de geboden des Heren hebt verzaakt en de Baäls zijt nagelopen"* (1 Koningen 18: 18). Hij deelde de koning Gods wil mee, en was nooit bevreesd. Elia ging zelfs een stap verder en zei tegen Achab, *"Nu dan, laat heel Israël tot mij bijeenroepen naar de berg Karmel, ook de vierhonderd vijftig profeten van de Baäl en de vierhonderd profeten van de Asjera, die van de tafel van Izebel eten."* (1 Koningen 18: 19).

Want Elia was zich goed bewust dat de droogte over Israël was gekomen door de afgoderij van de mensen, en hij wilde daarom strijden tegen de 850 profeten van de afgoden, en bevestigde, "De god die met vuur antwoord – hij is God." Omdat Elia in God geloofde, toonde de profeet Hem het geloof waardoor hij geloofde dat God met vuur zou antwoorden.

Hij zei toen tegen de profeten van Baäl, *"Kiest voor u de ene stier uit en bereidt hem eerst, want gij zijt met zovelen. Roept dan de naam van uw god aan, maar brengt geen vuur daarbij."* (1 Koningen 18: 25). Toen de Baäl profeten geen antwoord ontvingen van de ochtend tot de avond, begon Elia hen te honen.

Elia geloofde dat God hem met vuur zou antwoorden, en beval met blijdschap de Israëlieten om het altaar te bouwen en water te gooien over het offer en het altaar en bad daarna tot God.

"Antwoord mij, Here, antwoord mij, opdat dit volk wete, dat Gij, Here, God zijt, en dat Gij hun hart weer terugneigt" (1 Koningen 18: 37).

Op dat moment, kwam het vuur van de Here en verteerde het brandoffer en het hout en de stenen en het stof, en lekte zelfs het water in de groeve op. Toen alle mensen dit zagen, vielen zij op hun aangezicht en zeiden, *"De Here, die is God! De Here, die is God!"* (1 Koningen 18: 38-39).

Dit alles werd mogelijk gemaakt omdat Elia geen enkele twijfel had, ook niet een klein beetje, toen hij God vroeg (Jakobus 1: 6) en hij geloofde dat hij het reeds had ontvangen waar hij in gebed om had gevraagd (Marcus 11: 24).

Waarom vroeg Elia om water te gieten over het offer en ging hij toen pas bidden? Door de droogte die reeds drie en een half jaar had geduurd, was water heel schaars en heel waardevol op dat moment. Door vier grote vaten met water te vullen en het water drie keer over het offer te gieten (1 Koningen 18: 33-34), liet Elia aan God zijn geloof zien en gaf Hem het kostbaarste. God, die de blijmoedige gever liefheeft (2 Korintiërs 9: 7) stond niet alleen toe dat Elia oogstte wat hij had gezaaid, maar Hij antwoordde de profeet ook met vuur en bewees alle Israëlieten dat hun God inderdaad leefde.

Wanneer wij de voetsporen van Elia volgen en ons geloof aan God laten zien, Hem het kostbaarste geven, en onszelf voorbereiden om Zijn antwoorden op onze gebeden te ontvangen, kunnen wij getuigen van de levende God voor alle mensen met Zijn antwoorden met vuur.

3. Elia brengt stortregens voort

Na het voorstellen van de levende God aan de Israëlieten door Zijn antwoord met vuur en de bekering van de afgoderij van Israël, herinnerde Elia de belofte die hij voor Achab had gemaakt - *"Zo waar de Here, de God van Israël, leeft, in wiens dienst ik sta, er zal deze jaren geen dauw of regen zijn, tenzij dan op mijn woord."* (1 Koningen 17: 1). En zei hij tegen de koning, "Ga, eet en drink, want daar is het geruis van een stortregen" (1 Koningen 18: 42), en hij ging naar de top van de Karmel. Dat deed hij om Gods woord te vervullen, "Ik zal regen zenden naar de aarde," en ontving Zijn antwoord.

Eens hij op de top van de Karmel was, boog Elia zich neer tot de aarde en plaatste zijn gezicht tussen zijn knieën. Waarom bad Elia op zo'n manier? Elia was in zo'n zielenpijn toen hij bad.

Door dit beeld, kunnen wij ons inbeelden hoe ernstig Elia tot God heeft geroepen met zijn hele hart. Bovendien, totdat hij Gods antwoord met zijn eigen ogen kon zien, stopte Elia niet met bidden. De profeet instrueerde zijn dienaar om zijn ogen op de zee gericht te houden en totdat de dienaar een wolkje zag dat zo groot was als een mans hand, bleef Elia op deze manier zeven keer bidden. Dit was meer dan genoeg om God te bewegen en Zijn hemelse troon te schudden. Daar Elia regen liet komen na een droogte van drie en een half jaar, kan er worden verondersteld dat zijn gebed extreem krachtig was.

Toen Elia Gods antwoord met vuur ontving, erkende hij met zijn lippen dat God voor hem zou werken, ondanks dat God er niet over had gesproken; hij deed hetzelfde toen hij de regen liet komen. Bij het zien van een wolkje zo klein als de hand van een mens, zond de profeet een woord tot Achab, *"Span in en daal af, laat de stortregen u niet ophouden"* (1 Koningen 18: 44). Want Elia had het geloof waardoor hij met zijn lippen kon erkennen, ondanks dat hij nog niets had gezien (Hebreeën 11: 1), kon God werken overeenkomstig het geloof van de profeet, en inderdaad door het geloof van Elia, werd de lucht in een korte periode zwart met wolken en wind, en kwam er een stortregen (1 Koningen 18: 45).

We moeten geloven dat de God, die Elia Zijn antwoord met vuur gaf en een langdurige droogte, die drie jaar en zes maanden duurde, verdreef met regen, dezelfde God is die onze beproevingen en lijden verdrijft, ons de verlangens van ons hart geeft en ons Zijn wonderlijke zegeningen geeft.

Onderhand, ben ik er zeker van dat u nu beseft dat u eerst aan Hem het soort van geloof moet laten zien waarin Hij welgevallen heeft, de muur van zonde die tussen God en u instaat moet vernietigen, en alles aan Hem moet vragen zonder te twijfelen, om Gods antwoorden met vuur te kunnen ontvangen, Hem de glorie te geven en de verlangens van uw hart te vervullen.

Ten tweede, moet u in blijdschap een altaar voor God bouwen, Hem offers brengen en ernstig bidden. Ten derde, totdat u Zijn antwoorden ontvangt, moet u met uw mond erkennen dat God voor u zal werken. God zal daar groot welgevallen aan hebben, en uw gebed beantwoorden om Hem te verheerlijken met uw hart. Onze God antwoordt ons wanneer wij bidden tot God met onze problemen betreffende onze zielen, kinderen, gezondheid, werk of enige andere zaak, en de glorie van ons ontvangt. Laat ons volkomen geloof bezitten zoals Elia, bidden totdat wij Gods antwoorden ontvangen, en Zijn gezegende kinderen worden, die altijd alle glorie aan onze Vader geven!

Hoofdstuk 7

Hoe u uw hartverlangens kunt vervullen

"Verlustig u in de Here; dan zal Hij u geven
de wensen van uw hart."

(Psalm 37:4).

Vele mensen zijn vandaag de dag op zoek naar het ontvangen van antwoorden van de almachtige God op verschillende problemen. Ze bidden, vasten, en bidden ijverig een hele nacht om genezing te ontvangen, hun falende zaak op te richten, kinderen te baren, en materiële zegeningen te ontvangen. Helaas, zijn er meer mensen die niet in staat zijn om Gods antwoorden te ontvangen en glorie te geven aan Hem, dan degenen die wel in staat zijn.

Wanneer zij God niet horen in een of twee maanden tijd, worden deze mensen moe, zeggende, "God bestaat niet," zij keren zich van God af en beginnen afgoden te aanbidden, en bezoedelen zo Zijn naam. Wanneer een persoon naar de kerk gaat, maar faalt in het ontvangen van Gods kracht en Hem te verheerlijken, hoe kan dat "echt geloof" zijn?

Wanneer iemand belijdt dat hij echt in God gelooft, dan moet hij, als Zijn kind, in staat zijn om de verlangens van zijn hart te ontvangen en datgene vervullen wat hij wil bereiken tijdens zijn leven hier op deze wereld. Maar velen falen in het vervullen van hun hartverlangens, ondanks dat ze verklaren te geloven. Dat komt omdat ze zichzelf niet kennen. Met het Schriftgedeelte waar dit hoofdstuk op gebaseerd is, laat ons eens kijken naar de manieren waarop wij de verlangens van ons hart kunnen bereiken.

1. Ten eerste, moet iemand zijn eigen hart onderzoeken

Elk individu moet terug kijken en zien of hij echt gelooft in de almachtige God, of slechts halfslachtig gelooft, terwijl hij twijfelt, of is er misschien een listig hart dat slechts een soort van geluk zoekt. Voordat men Jezus Christus leert kennen, spenderen de meeste mensen hun leven of in afgoderij of het vertrouwen van zichzelf. In tijden van een grote beproeving of lijden, na het beseffen dat de ramp waar zij door heen gaan niet opgelost kan worden door de kracht van mensen of hun afgoden, zijn zij verbaasd over de wereld, horen over de manieren waarop God hun problemen kan oplossen, en eindigen voor Hem.

In plaats van hun ogen te richten op de God van kracht, denken de mensen van deze wereld slechts in twijfel, "Zou Hij mij antwoorden, als ik Hem smeek?" of "Wel, misschien kan gebed mijn crisis oplossen." En toch heerst de almachtige God over de geschiedenis van de mensheid alsook over het leven, de dood, de vloek en de zegen van een mens, de opwekking van de dode, en doorzoekt de harten van mensen, dus Hij antwoordt niet een individu die twijfel in zijn hart heeft (Jakobus 1: 6-8).

Wanneer iemand werkelijk zoekt om de vervullingen van zijn hart te vervullen, moet hij eerst zijn twijfels en geluk zoekend hart verwerpen, en geloven dat hij reeds datgene ontvangen heeft wat hij de almachtige God in gebed heeft gevraagd. Alleen dan zal de God van kracht Zijn liefde uitstorten en hem toestaan om de verlangens van zijn hart te vervullen.

2. Ten tweede, moeten iemands zekerheid van redding en de voorwaarden van geloof onderzocht worden

In de kerk vandaag, zijn er vele gelovigen onderworpen aan de problemen in hun geloof. Het is hartverscheurend om te zien hoeveel mensen geestelijk ronddwalen, degenen die falen om te zien, vanwege hun geestelijke arrogantie, dat hun geloof de verkeerde richting uitgaat, en anderen die gebrek aan vertrouwen hebben over hun redding, zelfs nadat ze vele jaren hebben geleefd in Christus en Hem dienen.

Romeinen 10: 10 zegt ons, *"want met het hart gelooft men tot gerechtigheid en met de mond belijdt men tot behoudenis."* Wanneer u de deur van uw hart opent en Jezus Christus aanneemt als uw Redder, zult u door de genade van de Heilige Geest die u gratis gegeven wordt, de autoriteit ontvangen als een kind van God. Bovendien, wanneer u met uw mond belijdt dat Jezus Christus uw Redder is en met uw hart gelooft dat God Jezus heeft opgewekt uit de dood, zult u zekerheid krijgen over uw redding.

Wanneer u niet zeker weet of u wel of niet gered bent, is er een probleem met de staat van uw geloof. Dit komt omdat, wanneer u een gebrek aan zekerheid hebt dat God uw Vader is en dat u hemels burgerschap hebt verworven en Zijn kind wordt, u niet kan leven naar de wil van de Vader.

Om die reden, vertelt Jezus ons, *"Niet een ieder, die tot Mij zegt: Here, Here, zal het Koninkrijk der hemelen binnengaan, maar wie doet de wil mijns Vaders, die in de hemelen is."* (Mattheüs 7: 21). Wanneer de relatie "God de Vader-zoon (of dochter) nog niet bestaat bij een individu, is het heel normaal dat die persoon Zijn antwoorden niet ontvangt. Zelfs wanneer die relatie vorm heeft gekregen, wanneer er echter iets verkeerd in zijn hart is, in de ogen van God, kan hij ook niet Gods antwoorden ontvangen.

Daarom, wanneer u een kind van God wordt, die de zekerheid heeft van zijn redding en zich bekeert van het niet leven naar Gods wil, lost Hij elk probleem op, inclusief ziekte, het falen van een bedrijf, en financiële moeilijkheden, en werkt Hij alle dingen ten goede uit voor u.

Wanneer u God zoekt voor de problemen die u met uw kind hebt, met het woord van de waarheid zal God u helpen om elk probleem op te lossen en het probleem tussen u en uw kind oplossen. Soms, zijn de kinderen schuldigen, maar merendeel echter, zijn het de ouders die verantwoordelijk zijn voor de moeilijkheden met hun kinderen. Voordat er met de vinger gewezen wordt, wanneer ouders eerst eens naar hun eigen verkeerde wegen beginnen te kijken en zich ervan bekeren, er naar streven om hun kinderen op gepaste wijze op te voeden, en alles in de handen van God geven, zal Hij hen wijsheid geven en het ten goede uitwerken voor zowel de ouders als hun kinderen.

Daarom, wanneer u naar de kerk komt, en zoekt om antwoorden te ontvangen op de problemen met uw kinderen, ziekte, financiën, en dergelijke, zou u in plaats van snel te vasten en te bidden en nachtelijk te bidden, eerst de waarheid moeten ontdekken wat het kanaal tussen u en God heeft geblokkeerd, u bekeren en ervan afkeren. God zal het dan voor u ten goede uitwerken terwijl u de leiding van de Heilige Geest ontvangt.

Wanneer u niet probeert om het Woord van God te begrijpen, te horen of er door te leven, zal uw gebed niet de antwoorden van God voortbrengen.

Want er zijn vele voorbeelden waarin mensen falen om de waarheid volledig te grijpen en falen in het ontvangen van Gods antwoorden en zegeningen, daarom moet een ieder van ons de verlangens van ons hart vervullen door zeker te worden over onze redding en te leven naar Gods wil (Deuteronomium 28: 1-14).

3. Ten derde, moet u God behagen met uw daden

Wanneer iemand God, de Schepper erkent en Jezus Christus aanneemt als Redder, zal hij net zoveel als hij de waarheid leert en verlicht wordt, voorspoedig zijn in zijn ziel. Bovendien, als hij verdergaat met het ontdekken van het hart van God kan hij zijn leven leiden op een wijze die Hem welgevallig is. Terwijl twee- of driejarige peuters niet de juiste manier kennen om hun ouders te behagen, leren de kinderen in hun jeugd en bij het volwassen worden om verlicht te worden. Evenzo, kunnen Gods kinderen naar mate zij meer begrijpen en leven door de waarheid, op grotere wijze hun Vader behagen.

Opnieuw en opnieuw, vertelt de Bijbel ons de manieren waarop onze voorvaders in het geloof antwoorden ontvingen op hun gebeden door God te behagen. Hoe behaagde Abraham God?

Abraham zocht en leefde altijd in vrede en heiligheid (Genesis 13: 9), diende God met zijn hele lichaam, hart en ziel (Genesis

18: 1-10), en gehoorzaamde God volkomen zonder zijn eigen gedachten erin te betrekken (Hebreeën 11: 9; Genesis 22: 12), omdat hij geloofde dat God de doden kon opwekken. Als gevolg, ontving Abraham de zegen van Jehovah Jireh of "De Here zal voorzien," de zegen van kinderen, de zegen van financiën, de zegen van goede gezondheid en dergelijke, en zegeningen op al zijn wegen (Genesis 22: 16-18, 24: 1).

Wat deed Noach om de zegeningen van God te ontvangen? Hij was rechtvaardig, onberispelijk onder de mensen van zijn generatie, en wandelde met God (Genesis 6: 9). Toen het oordeel van de vloed over de aarde kwam, konden alleen Noach en zijn gezin ontkomen aan het oordeel en redding ontvangen. Omdat Noach met God wandelde, kon hij Gods stem horen en de ark voorbereiden en zelfs zijn hele gezin tot redding leiden.

Toen de weduwe van Sarefat in 1 Koningen 17: 8-16 een zaad van geloof plantte in Gods dienaar, Elia, gedurende een drie en een half jarige periode van droogte in Israël, ontving zij buitengewone zegeningen. Terwijl zij in geloof gehoorzaamde en Elia diende door brood te maken met slechts een handjevol meel, en een klein beetje olie in de kruik, zegende God haar en vervulde Zijn profetisch woord dat zei, *"Het meel in de pot zal niet opraken, en de olie in de kruik zal niet ontbreken tot op de dag, waarop de Here regen op de aardbodem geven zal."*

Want de vrouw in Sunem in 2 Koningen 4: 8-17 diende

en behandelde de dienaar van God, Elisa met uiterste zorg en respect, en ook zij ontving de zegen om geboorte te geven aan een zoon. De vrouw diende Gods dienaar, niet omdat ze er iets voor terug wilde, maar omdat ze God vurig lief had vanuit het diepst van haar hart. Maakt het dan niets uit voor deze vrouw dat ze deze zegening van God ontving?

Het is ook gemakkelijk om te zeggen dat God volkomen welgevallen moet hebben gehad in het geloof van Daniel en zijn drie vrienden. Ondanks dat Daniel in de leeuwenkuil geworpen werd omdat hij tot God bad, wandelde hij zonder enig letsel of wonde uit de leeuwenkuil, omdat hij in God vertrouwde (Daniel 6: 16-23). Ondanks dat Daniel's drie vrienden vastgebonden in de brandende oven werden geworpen, omdat ze een afgod niet wilden aanbidden, gaven zij grote glorie aan God nadat zij uit de oven wandelden zonder enig verbrand stukje huid of zelfs geur (Daniel 3: 19-26).

De hoofdman in Mattheüs 8 kon God welgevallig zijn met zijn grote geloof, en overeenkomstig zijn geloof ontving hij ook Gods antwoorden. Toen hij Jezus vertelde dat zijn dienaar verlamd was en vreselijke leed, wilde Jezus zijn huis bezoeken en zijn dienaar genezen. En toch, toen de hoofdman tegen Jezus zei, *"Maar spreek slechts een woord en mijn knecht zal herstellen"* en zijn groot geloof en grote liefde voor zijn dienaar liet zien, zei Jezus tot hem, *"Bij niemand in Israël heb Ik een zó groot geloof gevonden."* Omdat iemand Gods antwoorden ontvangt naar zijn geloof, werd de dienaar van de hoofdman op datzelfde moment genezen. Halleluja!

Er zijn er meer. In Marcus 5: 25-34 zien we het geloof van een vrouw die gedurende 12 jaren had geleden aan bloedingen. Ondanks de zorg van vele dokters en het geld dat ze had gespendeerd, bleef haar toestand verergeren. Toen zij het nieuws over Jezus hoorde, geloofde de vrouw dat ze genezen kon worden als zij slechts zijn mantel kon aanraken. Toen zij van achter Jezus kwam, en Zijn mantel aanraakte, werd de vrouw op datzelfde moment genezen.

Wat voor soort hart had de hoofdman, genaamd Cornelius in Handelingen 10:1-8 en op wat voor wijze, diende hij, een heidense man, God dat zijn hele gezin redding kon ontvangen? We kunnen zien dat Cornelius en zijn hele familie toegewijd waren en God vreesden; en hij gaf vrijmoedig aan degenen in nood en bad geregeld tot God. Daarom, waren de gebeden en giften aan de armen van Cornelius tot God gekomen als een herinnering en toen Petrus zijn huis bezocht om God te aanbidden, ontving iedereen in Cornelius' huis de Heilige Geest en begonnen in tongen te spreken.

In Handelingen 9: 36-42 zien we een vrouw genaamd Tabita (wat vertaald, Dorcas betekent) die vele goede dingen had gedaan en de armen had geholpen, maar zij werd heel erg ziek en stierf. Toen Petrus kwam op het verzoek van de discipelen, ging hij op zijn knieën en bad, en Tabita kwam terug tot leven.

Wanneer Zijn kinderen hun plichten uitdragen en hun Vader behagen, vervult de levende God de verlangens van hun hart en werkt Hij alle dingen voor hen uit ten goede. Wanneer wij echt kunnen geloven in dit feit, zullen wij in onze levens altijd Gods antwoorden ontvangen.

Door consulten of dialogen van tijd tot tijd, hoor ik van mensen die eens een groot geloof hadden, de kerk goed dienden, en getrouw waren, maar God na een tijdje van beproevingen en lijden hadden verlaten. Elke keer opnieuw voel ik mij gebroken van hart vanwege de onbekwaamheid van mensen om geestelijk te onderscheiden.

Wanneer mensen echt geloof hebben, zullen zij God niet verlaten, zelfs niet wanneer er beproevingen op hun weg komen. Wanneer zij geestelijk geloof hebben, zullen zij vreugdevol, dankbaar zijn en zelfs in tijden van lijden en beproevingen bidden.

Zij zullen God niet verraden, misleid worden, of hun voetstappen in Hem missen. Soms kunnen mensen voor een periode getrouw zijn in de hoop dat ze zegeningen gaan ontvangen of door anderen worden erkend. Maar het gebed van geloof en het gebed vol van hoop op geluk kan gemakkelijk onderscheiden worden door hun respectievelijke resultaten. Wanneer iemand bidt met geestelijk geloof, zal zijn gebed heel zeker gepaard gaan met daden, die welgevallig zijn voor God, en hij zal grote glorie geven aan Hem door de verlangens van zijn hart een voor een te vervullen.

Met de Bijbel als onze gids, kunnen wij onderzoeken hoe onze voorvaders van geloof hun geloof in God lieten zien, en met wat voor soort hart zij Hem konden behagen en de verlangens van hun hart konden vervullen. Want God zegent, zoals belooft, al degenen die Hem behagen – de wijze waarop Tabita terug tot leven kwam was Hem welgevallig, de wijze waarop de vrouw in Sunem haar zoon ontving was Hem welgevallig, en de wijze waarop de bloedvloeiende vrouw na 12 jaar bevrijd werd, was Hem welgevallig – laat ons ook geloven en onze ogen op Hem richten.

God zegt ons, *"Als Gij kunt! Alle dingen zijn mogelijk voor wie gelooft"* (Marcus 9: 23). Wanneer wij geloven dat Hij een einde kan maken aan onze problemen, onze problemen volledig aan Hem toewijden, betreffende ons geloof, ziekten, kinderen en financiën en op Hem steunen, zal Hij zeker in al deze dingen voor ons zorgen (Psalm 37: 5).

Door God te behagen, die niet liegt, maar datgene wat Hij gesproken heeft voortbrengt, bid ik dat een ieder van u de vervulling van uw hartverlangens mag ontvangen, grote glorie aan God zal geven, en een gezegend leven zal leiden in de naam van Jezus Christus!

De auteur:
Dr. Jaerock Lee

Dr. Jaerock Lee werd geboren in Muan, Provincie Jeonnam, Republiek van Korea, in 1943. In zijn twintiger jaren, leed Dr. Lee aan verschillende ongeneeslijke ziektes gedurende zeven jaar en wachtte op zijn dood zonder enige hoop op herstel. Op een dag in de lente van 1974, echter, werd hij naar een kerk geleid door zijn zuster en toen hij neerknielde om te bidden, genas de levende God hem onmiddellijk van al zijn ziektes.

Vanaf die tijd, ontmoette Dr. Lee de levende God door deze wonderlijke ervaring, hij heeft God lief met zijn hele hart en in oprechtheid, en in 1978 werd hij geroepen om een dienstknecht van God te zijn. Hij bad vurig zodat hij duidelijk de wil van God kon begrijpen en deze volledig te vervullen en alle woorden van God te gehoorzamen. In 1982, richtte hij de Manmin Kerk op in Seoul, Zuid-Korea, en ontelbare werken van God, inclusief wonderlijke wonderen van genezing en tekenen, hebben plaats gevonden in zijn kerk.

In 1986, werd Dr. Lee aangesteld als een voorganger in de jaarlijkse vergadering van Jezus' Sungkyul Gemeente van Korea, en 4 jaar later in 1990, werden zijn boodschappen uitgezonden in Australië, Rusland, de Filippijnen en nog meer landen door het Verre Oosten Televisie Bedrijf, het Televisie Bedrijf Azië, en het Washington Christelijke Radio Systeem.
   Drie jaar later in 1993, werd de Manmin Centrale kerk uitgekozen tot een van de "werelds top 50 kerken" door het Christian World magazine (US) en hij ontving een Eredoctoraat van Godgeleerdheid van het Christian Faith College, Florida, USA, en in 1996 een Dr. in de Bediening van Kingsway Theologische Seminarium, Iowa, USA.

Sinds 1993, heeft Dr. Lee de leiding genomen in de wereld zending door vele overzeese campagnes in Tanzania, Argentinië, L.A., Oeganda, Japan, Pakistan, Kenia, de Filippijnen, Honduras, India, Rusland, Duitsland, Peru, Democratisch Republiek van Kongo, Israël, en Estland.

In 2002 werd hij, door een grote Christelijke krant in Korea erkend als een "wereldwijde opwekkingsprediker" vanwege zijn kracht bedieningen in verschillende buitenlands campagnes. Vooral zijn "New York Campagne in 2006", die gehouden werd in Madison Square Garden, de bekendste arena in de wereld.

De gebeurtenis werd in 220 landen uitgezonden, en ook zijn "Israël Verenigde Campagne in 2009", die gehouden werd in de Internationale Conventie Hal (ICC) te Jeruzalem waarbij hij vrijmoedig Jezus Christus verkondigde als de Messias en Redder.

Zijn boodschappen worden in 176 landen uitgezonden via satelliet, inclusief GCN TV en hij wordt vermeld als de "Top 10 meest invloedrijke Christelijke leiders" van 2009 en 2010 door een bekend Russisch Christelijk blad In Victory en nieuws bureau Christian Telegrapgh voor zijn krachtige TV uitzendingen en buitenlands gemeente bedieningen.

Vanaf mei 2013, is Manmin Centrale Kerk een gemeente met meer dan 120,000 leden en 10,000 branche gemeente over de hele wereld, inclusief 56 binnenlandse en heeft meer dan 129 zendelingen uitgezonden naar 23 landen, inclusief de Verenigde Staten, Rusland, Duitsland, Canada, Japan, China, Frankrijk, India, Kenia, en veel meer.

Tot de datum van deze publicatie, heeft Dr. Lee 85 boeken geschreven, inclusief bestsellers als Het eeuwige leven smaken voor de dood, Mijn leven mijn geloof I & II, De boodschap van het kruis, De mate van geloof, De hemel I & II, De hel, Israël wordt wakker en De kracht van God, en zijn werken zijn vertaald in meer dan 75 talen.

Zijn christelijke columns verschijnen in The Hankook Ilbo, The JoongAng Daily, The Chosun Ilbo, The Dong-A Ilbo, The Munhwa Ilbo, The Seoul Shinmun, The Kyunghyang Shinmun, The Kyunghayang Shinmun, The Korea Economic Daily, The Korea Herald, The Shisa News, en The Christian Press.

Dr. Lee is tegenwoordig leider van vele zendingsorganisaties en verenigingen. Zijn posities houden in: Voorzitter, De Verenigde Heiligheid Kerk of Jezus Christus; President, Manmin Wereld Zending; Blijvend President, Van de Wereld Christelijke Opwekkingsvereniging; Oprichter, Manmin TV; Oprichter en bestuursvoorzitter, Wereld Christelijke Netwerk (GCN); Oprichter en Bestuursvoorzitter, De Wereld Christen Dokters Netwerk (WCDN); en Oprichter en Bestuursvoorzitter, Manmin Internationale Seminarium (MIS).

Andere krachtige boeken van dezelfde auteur

De Hemel I & II

Een gedetailleerde weergave van de prachtige leefomgeving waar de hemelburgers van zullen genieten en een mooie beschrijving van de verschillende niveaus van hemelse koninkrijken.

De Boodschap van Het Kruis

Een krachtige boodschap voor alle mensen om degene wakker te maken die geestelijk slapen! In dit boek kan je de reden vinden waarom Jezus de enige Redder is en de ware liefde van God.

De Hel

Een ernstige boodschap voor de gehele mensheid van God, die wenst dat niet een ziel valt in de diepten van de hel! U zult ontdekken de nooit-eerder-geopenbaarde weergave van de wrede realiteit van het Onder Graf en de Hel.

Geest, Ziel en Lichaam I & II

Een gids welke ons geestelijk begrip geeft van geest, ziel en lichaam en ons helpt om te ontdekken wat voor soort "zelf" wij hebben gemaakt, zodat wij de kracht kunnen verkrijgen om de duisternis te vernietigen en een geestelijk persoon kunnen worden.

De Mate van Geloof

Wat voor soort verblijfplaats, kroon en beloningen zijn er voor u voorbereid in de hemel? Dit boek is voorzien van wijsheid en leiding om uw geloof te meten en te ontwikkelen tot het beste en meest volwassen geloof.

Maak Israël Wakker

Waarom heeft God Zijn ogen over Israel bewaard vanaf de grondlegging der wereld tot op vandaag? Welke voorziening heeft Hij voorbereid voor Israel in deze laatste dagen, die op de Messias wacht?

Mijn Geloof, Mijn Leven I & II

Een zeer welriekende geestelijke geur onttrokken uit het leven dat bloeide met een onmetelijke liefde voor God, te midden van de donkere golven, koud juk en de diepste wanhoop.

De Kracht van God

Een boek wat gelezen moet worden, welke dient tot een noodzakelijke handleiding waardoor iemand echt geloof kan bezitten en de wonderlijke kracht van God kan ervaren.

www.urimbooks.com

www.ingramcontent.com/pod-product-compliance
Lightning Source LLC
LaVergne TN
LVHW051955060526
838201LV00059B/3654